Burghard Stöver

Mit Geduld und
Disziplin sein
Geld vermehren

Wie Ihnen
das Auf und Ab
an der Börse
dabei hilft

Ellert & Richter Verlag

Inhalt

Vorwort

Ich heiße Burghard Stöver, bin Jahrgang 1953, habe drei Kinder und bin seit 45 Jahren verheiratet.

In diesem Buch erfahren Sie viel über meine Fehler, vor allem im Umgang mit Geld. Ich habe in den ersten zehn Berufsjahren so ziemlich alles verkehrt gemacht, was man nur verkehrt machen konnte, und teuer dafür bezahlt. Aus heutiger Sicht war das auch nicht anders zu erwarten, denn eine vernünftige Beratung, geschweige denn eine dauerhafte Betreuung und Begleitung, gab es damals nicht. Schon gar nicht für einen kleinen Angestellten, wie ich es damals war.

Ich bezeichne mich selbst als menschenfreundlichen Finanzberater und freue mich darüber, dass meine Kunden diese Einschätzung teilen. Worauf ich besonders stolz bin: Sie haben mich auch in der Zeit schwerer Wirtschaftskrisen nicht verlassen. Vielleicht hängt das auch damit zusammen, dass ich nicht vergessen habe, wie schwer Geld zu verdienen ist, und man umso vorsichtiger ist bei der Frage, wem man es anvertraut. Ich kann jedenfalls sagen, dass ich meinen Beruf »von der Pike auf« gelernt habe.

1974 begann ich meine Ausbildung zum Bankkaufmann. Ich entschied mich für die Deutsche Bank. Damals war die Bankenwelt noch (einigermaßen) in Ordnung. »Der Kunde ist König«, diese Einstellung wurde aktiv und ehrlich gelebt. Zumindest glaubte ich das als Azubi, und in unserer Filiale galt das bestimmt. Den Kunden steuer-optimierend zu beraten, galt als Selbstverständlichkeit. Aus heutiger Sicht ist es kaum nachvollziehbar, dass zu diesem Zweck die Steuerhinterziehung aktiv und ohne vorgehaltene Hand begleitet wurde. Beispielsweise wurden sogenannte Zinscoupons, also Zinsen für festverzinsliche Anleihen, propagiert; sie wurden anonym und in bar ausgezahlt. Eine Erfassung in der Steuererklärung konnte so elegant vermieden werden. Für mich als Azubi war das eine interessante Lektion: Als clever galt derjenige, der Steuerzahlungen hinterzog. Das brachte mir die Generation meiner Eltern bei.

Zu dieser Zeit gab es nicht nur clevere Steuervermeider, sondern auch einfallsreiche Finanzminister, die die Steuer-Schlupflöcher nach und nach schlossen. Insofern sind die meisten dieser ehemals »vermögenswirksamen« Spielräume nicht mehr verfügbar. Die Möglichkeiten, sein Geld seriös zu vermehren, bestehen jedoch nach wie vor. Wie immer gibt es hierbei schlaue und weniger schlaue Vorgehensweisen.

In diesem Buch konzentriere ich mich auf die erfolgreichen Methoden sowie die Hintergründe zu den verschiedenen Anlagemöglichkeiten. Bei der Lektüre wünsche ich Ihnen viel Vergnügen, bei der Umsetzung viel Erfolg!

Burghard Stöver, im Frühjahr 2021

1

Aus Fehlern
wird man klug?

Man sollte eigentlich im Leben
niemals die gleiche Dummheit zweimal machen,
denn die Auswahl ist so groß.
Bertrand Russell

Warum selbst Fehler machen?

Dass man aus Fehlern klug wird, ist keine neue und umwerfende Erkenntnis. Aber stimmt diese Behauptung eigentlich? Einige Menschen hoffen immer wieder auf die große Liebe und heiraten zum vierten Mal. Auch »Knöllchen-Horst« erstattete über 56 000 Anzeigen und glaubt noch immer, die Gesellschaft lerne aus ihren Fehlern und seinem unermüdlichen Engagement.

Ein kluger Mann macht nicht alle Fehler selbst.
Er gibt auch anderen eine Chance.
Winston Churchill

Vielleicht ist es richtiger zu sagen: Aus Fehlern *sollte* man klug werden. Ich gehe noch einen Schritt weiter, indem ich feststelle: Aus den Fehlern anderer kann man auch klug werden – oft sogar schneller, als wenn man diese Fehler selbst begeht. Denn dann muss nicht auch noch Zeit und Geld aufgebracht werden, um den Schaden aus diesen Fehlern auszubügeln. Besonders nützlich kann es sein, wenn man jemanden findet, der einem von seinen Fehlern erzählt.

Suchen Sie nicht länger, Sie haben diesen Jemand gefunden! Ich war es, der diese Fehler gemacht hat. Darauf bin ich nicht besonders stolz, denn wenn ich diese Fehler vermieden hätte, wäre ich zehn Jahre früher in den Ruhestand gegangen, und Sie hätten dieses Buch schon vor zehn Jahren lesen können. Sie merken: Es geht um Geld.

Auch Sie möchten vielleicht etwas schneller zu einem Vermögen kommen, möglicherweise streben Sie sogar an, zu Reichtum zu gelangen. Oder haben Sie das etwas bescheidenere Ziel, früher in Rente zu gehen oder schneller Ihre Schulden zu tilgen? Dann kann ich Ihnen dabei helfen, denn ich habe Fehler gemacht, aus denen Sie lernen können.

Wie bereits im Vorwort beschrieben, bezeichne ich mich selbst als **menschenfreundlichen Finanzberater**. Zwar mögen große Geldhäuser auch den einen oder anderen menschenfreundlichen Bankberater in ihren Reihen haben, aber als Institutionen, die auf Gewinnmaximierung bedacht sind, können oder wollen sie sich das Menschsein als oberste Handlungsmaxime gar nicht leisten. Bei mir ist es anders. Als Finanzberater kann ich nicht anders, als menschenfreundlich zu sein, da ich als persönlicher Dienstleister auf den freundlichen und ehrlichen Umgang mit meinen Kunden angewiesen bin. Bei den großen Banken ist eine zu enge Verbindung zwischen Berater und Kunde nicht gern gesehen und wird durch häufigere Beraterwechsel unterbunden. Ich hingegen kenne meine Kunden seit vielen Jahren, oft sogar Jahrzehnten. Ohne Menschsein und Freundlichkeit geht das nicht.

Ich bin selbstbewusst genug, um mir dieses Attribut zu attestieren. 99 von 100 Kunden haben mir das bestätigt. Ein bisschen unheimlich ist mir dieses Lob schon, denn einerseits ehrt mich so viel Zustimmung, andererseits ist es mit einem außerordentlichen Vertrauen verbunden. Wie kann ich dieser Verantwortung im Auf und Ab der Märkte gerecht werden?

Erst einmal: Ich bin nicht ganz neu im Bereich der Finanzen. 1974 begann ich meine Ausbildung zum Bankkaufmann. Ich wollte gern zur Deutschen Bank, sie hatte seinerzeit einen hervorragenden Ruf. Tatsächlich wurde ich zur Ausbildung angenommen. Bankberater zu werden, erschien mir erstrebenswert, denn dieser Beruf genoss nicht nur ein hohes Ansehen, sondern verhieß auch eine lebenslange Beschäftigung, die Aussicht auf eine dynamische Karriere und guten Verdienst – Argumente, die auf mich als jungen Menschen ihren Reiz ausübten. Freunde von mir wurden Handwerker oder Mechaniker, mir hingegen gefiel die Vorstellung, den Tag im guten Anzug und im klimatisierten Büro zu verbringen, umgeben vom Duft des

Bankberater zu werden, erschien mir damals sehr erstrebenswert.

Geldes. Ich verspürte den Wunsch, ein Partner und guter Dienstleister meiner Kunden zu sein. Damals kümmerte sich die Bank noch um ihre Kunden und der Profit stand an zweiter Stelle, so jedenfalls kam es mir vor. Von Investmentbanking wurde kaum gesprochen.

Ein ausgesprochen seriöser Anlageberater der Deutschen Bank, ich nenne ihn Herrn Meyer, riet mir zum Kauf von Anteilen aus einem rein deutschen Aktienfonds. Damit könne ich *langfristig* reich werden. Wie ich heute weiß, hielt Herr Meyer damit eine erstklassige und geniale Empfehlung für mich bereit. Monatlich zahlte ich 100 Mark in diesen Sparplan ein. Aufgeregt verfolgte ich das Kursgeschehen, jeden Tag.

Das war mein erster Fehler.

Psychospielchen

Die Psychologie spielt bei Geldanlagen im Allgemeinen und bei Aktien im Besonderen eine sehr große Rolle. Ich werde das in den nächsten Kapiteln ausführlich begründen und auch die Tatsache, dass Sie sich bei einer guten Anlageentscheidung oftmals selbst im Weg stehen. Denn genauso war es bei mir. Ich erlag dem typischen Anfängerfehler, indem ich das Kursgeschehen *täglich* verfolgte.

Heute weiß ich es besser. Wenn es richtig ist, dass Aktienanlagen *langfristige* Anlageentscheidungen sind, so darf nicht kurzfristig auf die Kursentwicklung geschaut werden. Dabei gibt es zwei Szenarien:

1. Die Kurse fallen.

»Oh nein, die Kurse fallen! Meine Anlage ist augenblicklich weniger wert! Wie lange halte ich diese negative Entwicklung aus? Einen Tag? Vielleicht ist eine Woche schon zu viel? Und erst recht ein Monat, im Auf und Ab der Aktien ist das eine Ewigkeit! Oder ein Jahr? Wird mir das den Totalverlust einbringen? Wie lange soll ich das Nichtstun aushalten?«

Diese Frage ist schwer zu beantworten. Meine Berufspraxis zeigt mir, dass kaum einer das Stillhalten einen Monat lang aushalten kann. Doch woran liegt das?

Entschleunigung – gerade bei der Aktienanlage

Lassen Sie uns bei Kurseinbrüchen einen Blick auf das allgemeine Medienverhalten werfen. Getreu dem Motto »Gute Nachrichten sind keine Nachrichten« werden die Wirtschaftsberichte gern dramatisiert. Täglich wird auf allen bekannten Kanälen von Börseneinbrüchen berichtet und schreckliche Szenarien werden aufgebaut. Verantwortlich gemacht werden Umsatzeinbußen bei den Unternehmen, politische Umbrüche, kriegerische Auseinandersetzungen, Terroranschläge, Epidemien oder sonstige Katastrophen. So war der Crash nach dem unbegreiflichen Anschlag auf das World Trade Center in New York weltweit nachvollziehbar, ein Schock für alle zivilisierten Menschen, und die psychologisch bedingten Massenverkäufe an der Börse die absehbare Folge. Was man aber weniger erwartet hatte: Alle nachfolgenden Terroranschläge wirkten sich kaum noch an den Börsen aus. Genauso wird es sich mit künftigen Pandemien verhalten. Nach Covid-19 wird keine weltweite Seuche mehr einen so heftigen Effekt an der Börse haben wie 2020. Der Mensch gewöhnt sich an alles, heißt es.

Ein gewisses Maß an Abgebrühtheit ist also erforderlich, um negativen Meldungen in Begleitung starker Kursrückgänge standzuhalten, anstatt (panisch) zu verkaufen. Wir können also formulieren:

Verfolgen Sie bei einer langfristigen Ansparung in Aktienfonds niemals täglich das Börsengeschehen. **Merksatz 1**

---

2. Die Kurse steigen.

Das zweite große Problem. Nanu, ein Problem? Eigentlich erwarten Sie doch als optimistisch gestimmter Anleger eine Kurssteigerung. Dass Ihre Anlage an Wert gewinnt, ist doch erst mal ganz schön. Oder etwa nicht?

Sicher. Aber auch hier gilt: Die *tägliche* Feststellung ist gefährlich. Ende der 1990er-Jahre beispielsweise stiegen die Kurse unaufhaltsam, bis sie in einer Blase endeten. Der Crash folgte zwangsläufig. Doch was taten die bis dahin täglich wahrgenommenen Kurssteigerungen mit dem Anleger? Mit dem ganz normalen Anleger?

Zunächst wollte er, bescheiden wie er war, einfach etwas mehr erzielen als auf dem guten alten Sparbuch. Bald aber sah er die wundersame Geldvermehrung in seinem Depot und rechnete sich sogleich immense Gewinne aus. Man hatte ihm eine jährliche Verzinsung von zehn Prozent in Aussicht gestellt, nun waren es auf einmal 50 oder gar 100 Prozent Zugewinn, und das teilweise sogar wöchentlich im Neuen Markt. Was für ein Wahnsinn! Völlig am beratenen Anlageziel vorbei.

Plötzlich waren Berater nichts mehr wert.

In dieser Zeit waren Berater plötzlich nichts mehr wert. Der bis dahin ganz normale Anleger sagte nun: »Was soll ich mit lausigen zehn Prozent? Ich verdopple das. Und zwar selbst!« Ende der 1990er-Jahre schien jeder Kleinsparer, von der Putzfrau bis zum Maurer, jeder Stammtischbesucher und jeder Akademiker mehr über die Anlagemärkte zu wissen als ein erfahrener Berater. Experten bräuchte man nicht mehr, dachten sie.

Die **Gier** war ausgebrochen, überall und bei jedem. Der Staat half kräftig mit und verkaufte in einer aufwendigen Werbekampagne die Deutsche-Telekom-Aktie auf eine Art und Weise, dass jeder Kleinanleger von garantierten Gewinnen ausgehen durfte. Wer nicht dabei war, sollte der Dumme sein. Heute wäre eine derartige Vermarktung oder Beratung strafbar, ohne Wenn und Aber.

Zwei Jahre später kehrten alle Anleger wieder zu den Beratern zurück. Was war passiert?

Merksatz 2
Glauben Sie nicht an dauerhaft steigende Kurse und Renditen am Aktienmarkt.

Die Kunden hatten einen guten Teil ihrer Freizeit vor dem Rechner verbracht. Das Spiel mit den Kursen hatte sich zu einer Sucht entwickelt. Bis zum Jahr 2000 ging es mehr oder weniger gut, aber danach kam der Einbruch. Überwiegend war dieser zunächst durch die exorbitante Überbewertung von kleinen Unternehmen begründet. Neue Firmen der »Zukunftsbranchen« organisierten sich und gingen sofort an die Börse. Bestenfalls verfügten sie über eine gute Idee, jedoch selten über Kapital. Schnelles Geld am Aktienmarkt generieren, einstecken und verschwinden, war nicht selten die Strategie dieser Start-ups. Scheinumsätze befeuerten die Kurse mehrerer Unternehmen, und der Nemax, der Index des Neuen Marktes, verzehnfachte sich innerhalb von zwei Jahren. Es war ein Rausch. Die klaren Gedanken blieben Mangelware.

Grundsätze der Sicherheit

Warnungen hatte es reichlich gegeben, doch wer wollte die hören angesichts »ewig« steigender Kurse? Dass diese eine Blase aufgebaut hatten, wurde ab März 2000 langsam zur Gewissheit.

> *Das ist das Schöne an der Börse:*
> *Ein Spekulant kann tausend Prozent Gewinn machen,*
> *aber nie mehr als hundert Prozent verlieren.*
> Hermann Josef Abs

Die Kurse sanken erst durch internationale Vorgaben, dann durch die ersten Insolvenzen der einstigen Börsenlieblinge. Wer diese Aktien gekauft hatte, war sein Geld schnell los. Der Trend verstärkte sich durch den Anschlag in New York, das Vertrauen war weg, und plötzlich wollten alle nur noch raus aus ihren Kapitalanlagen. Panikverkäufe standen an der Tagesordnung. Der Gier folgte die Angst.

Demütig und mit blutigen Nasen klopften auch meine Kunden wieder bei mir an. In der Zwischenzeit hatte die SHP Anlagemanagement AG in Bremen zwei Dinge entwickelt:

- die fünf Sicherheitsstufen
- das Überwachungssystem Fonds-Guard®

Wer die folgenden fünf Sicherheitsstufen berücksichtigt, wird beachtliche Renditen erwirtschaften.

> **Sicherheitsstufe 1**
> *Kaufen Sie keine Aktie von einem Einzelunternehmen, sondern ausschließlich breit gestreut in einem großen Fonds, der schon möglichst zehn Jahre oder länger Markterfahrung hat.*

Begründung: Ein Einzelunternehmen kann pleitegehen, aber es werden niemals zeitgleich alle Unternehmen eines Fonds Konkurs anmelden, sofern der Fonds richtig zusammengesetzt ist (dazu mehr in Sicherheitsstufe 2).

Hinter einem erfolgreichen Fonds steht in der Regel ein fähiger, vielleicht sogar genialer Fondsmanager. Auch wenn mit dem Kauf und der Verwaltung Gebühren entstehen, so wird damit eine gute Beratung mit der entsprechenden Haftung bezahlt. Ein guter Fondsmanager bleibt täglich am Ball. Er beobachtet mit seinem Team die Entwicklung der Märkte und kann bei Bedarf schnell handeln – schneller und besser als wir Kleinanleger. Sicherlich kostet der Fondsmanager Geld, aber Sie sollten lieber für gute Leute und deren Arbeit ein Honorar zahlen, als ohne Fondsmanagement eine Anlage kaufen, die nur Verdruss bereitet. Sparen an der falschen Stelle hat sich noch nie ausgezahlt. Gute Fondsmanager haben es noch immer geschafft, einen gebührenfreien ETF[1] zu schlagen. Vergleiche sind jedoch unbedingt vor einer Anlageentscheidung zu machen!

Die breite Streuung in Fonds sorgt für Risikostreuung, also für mehr Sicherheit bei der Anlage. Selbst bei sorgfältiger Auswahl der Einzelunternehmen für einen Fonds kann ein Unternehmen in eine Schieflage geraten oder sogar in die Pleite schlittern. Man denke nur an Banken wie Lehman Brothers, Commerzbank oder Deutsche Bank oder ein Weltunternehmen mit öffentlicher Beteiligung wie Volkswagen. Wie soll ein Fondsmanager Abgasskandale ahnen? Wer hätte den gigantischen Betrug bei Wirecard vorhersehen können? Eine ganze Reihe von Beispielen ist uns allen bekannt. Dennoch sind das Sinn und Zweck eines Fonds: Den einen Firmen geht es schlecht, den anderen gut. Während also einige Unternehmen enttäuschen, machen zur gleichen Zeit andere Firmen in diesem Fonds außergewöhnliche Gewinne, in der Coronakrise waren dies beispielsweise Unternehmen der Pharmaindustrie. Erfolgreiche Firmen sorgen für einen Ausgleich, oft sogar für Kurssteigerungen. So sind im Jahr 2019 gerade deutsche Fonds trotz VW und Deutscher Bank massiv gestiegen, teilweise um mehr als 20 Prozent. Wer nach dem Ausbruch von Corona im Mai 2020 einstieg, konnte sogar über 40 Prozent innerhalb von drei Monaten verbuchen!

Auch wenn Sie in diesem Buch noch viel über den richtigen Umgang mit Aktienfonds erfahren werden, so ist es kein Fehler, **noch heute** mit der langfristigen (fünf Jahre und mehr) Besparung eines großen deutschen Aktienfonds anzufangen. Er-

Breite Streuung ist Risikostreuung.

[1] ETF: exchange-traded fund; ein börsengehandelter Fonds, der meistens nicht verwaltet wird und die Entwicklung eines Wertpapierindex' abbildet. Übrigens: ETFs hatten in der Coronakrise teilweise erhebliche Probleme. Ich verweise hier auf einen Artikel aus der »Zeit« vom 24.6.2020, betitelt mit »Die Stunde der Zombies«. Vorsicht ist geboten.

öffnen Sie ein Wertpapierdepot und kaufen Sie zunächst monatlich im Rahmen Ihrer Möglichkeiten einen deutschen DAX-Fonds.

Weitere notwendige Informationen benötigen Sie erst, wenn sich rund 10 000 Euro angesammelt haben. Dann wird die tägliche Überwachung sinnvoll und notwendig. Wer von Ihnen neugierig geworden ist und nicht abwarten kann, bis dieses Thema im vorliegenden Buch behandelt wird, darf gern vorab die App »sicher reich«[2] studieren.

[2] Die App »sicher reich« steht bei Google Play und im App Store zum Download bereit.

> **Sicherheitsstufe 2**
> *Kaufen Sie einen Fonds mit Großunternehmen, zum Beispiel aus dem DAX, aber keinen Fonds mit kleinen Firmen. Die großen Unternehmen mit einem hohen Handelsvolumen werden auch Blue Chips genannt, vermutlich nach den Jetons mit dem höchsten Geldwert im Spielcasino von Monaco.*

Begründung: Große Unternehmen existieren seit langer Zeit und haben viele Krisen, manchmal sogar Weltkriege und Staatspleiten, überlebt. Kleinere Unternehmen verfügen meist nicht über die notwendige Kapitalreserve, um derartige Krisen zu überstehen. Hinzu kommt, dass Großunternehmen häufig vom Staat gerettet werden, weil sie als »systemrelevant« gelten oder viele Arbeitsplätze sichern. Auf Kleinunternehmen kann eine Volkswirtschaft eher verzichten.

Das soll nicht heißen, dass Kleinunternehmen schlechter sind als Großunternehmen. Oftmals sind sie sogar innovativer, aktiver und effizienter, aber die Macht des Kapitals ist nicht zu unterschätzen, wenn es um die langfristige Sicherheit geht. Die 50 größten Unternehmen Asiens in einem Fonds vereint, sind vertrauenerweckender als 50 Unternehmen vom Neuen Markt – den es schon gar nicht mehr gibt.

Spätestens jetzt sollten Sie mit der langfristigen und vor allem monatlich gleichmäßigen Besparung eines Aktienfonds aus Großunternehmen beginnen.

> **Sicherheitsstufe 3**
> *Alle langfristigen Ansparungen gehören in einen*
> *Aktienfonds.*

Begründung: Kein Mensch kann das Kursgeschehen an den Aktienmärkten vorhersagen. Niemand weiß, was morgen an den Börsen geschieht. Lediglich Insider, die vorher von großen geschäftsinternen, ökonomischen oder politischen Ereignissen Kenntnis haben, könnten einen bestimmten Kursausschlag erahnen, aber einhundertprozentiges Wissen gibt es auch dazu nicht.

Demnach sind Kursprognosen nichts wert, langfristige sowieso nicht! Alle Wichtigtuer, schlauen Kollegen und Börsengurus beiseiteschieben, und schon wird die Sache einfacher und glasklar!

Kursprognosen sind nichts wert!

Es ist egal, wenn die Aktienkurse kurzfristig fallen, denn Sie haben die Zeit, um auf einen guten Kurs in weiter Zukunft (fünf Jahre und mehr) zu warten. Sollte er kurzfristig kommen, macht das auch nichts. In solch einem Fall können Sie verkaufen und Gewinne einstreichen – wenn es unbedingt sein muss, denn eigentlich wollen Sie viele Jahre weitersparen und nicht verkaufen, es sei denn … Aber dazu später mehr.

Es ist egal, wenn während der Ansparung die Kurse fallen, denn Sie haben Zeit.   **Merksatz 3**

> **Sicherheitsstufe 4**
> *Die monatliche Ansparung ist das Mittel der Wahl.*

Die monatliche, kontinuierliche Besparung hat zwei wesentliche Vorteile:

1. Oftmals ist sie für die breite Masse der Bevölkerung die einzig mögliche Ansparform zur Vermögensbildung. Monatlich kann jeder etwas – und sei es noch so wenig – von seinem eigenen Einkommen abknapsen und zur Seite legen. Bei den meisten Fonds lässt sich schon mit 50 Euro im Monat beginnen. Wer das Geld monatlich nicht aufbringen kann, hat die Möglichkeit, vierteljährlich einzuzahlen. Nach oben hin sind natürlich keine Grenzen gesetzt.
2. Da niemand weiß, ob der Kaufkurs heute hoch oder niedrig ist, kaufen Sie in dem einen Monat teuer ein, dafür im anderen Monat bei gefallenen Kursen wieder günstiger. Im Mittel haben Sie über viele Jahre einen guten Durchschnittskurs[3].

[3] Das wird Cost-Average-Effekt genannt.

Bestimmt würden Sie lieber später kaufen, wenn Sie wüssten, dass die Kurse dann niedriger sind, aber genau weiß das nur wer? Richtig: niemand.

Merksatz 4   **Fangen Sie HEUTE mit der Ansparung an, sonst wird das nie was!**

Freude und Lust auf diese Fondsansparung haben Sie natürlich nur, wenn dabei auch etwas rumkommt, also die Kurssteigerungen langfristig und massiv zum Vermögensaufbau beitragen. Oftmals sparen Sie schon monatlich irgendwohin an: Sparbuch, Bausparen, Lebensversicherung ... Alles Mist! Fragen Sie nach der Verzinsung. Sie werden mit null Prozent auf dem

Sparbuch und maximal vier Prozent in alten Lebensversicherungen abgespeist. Vielleicht bekommen Sie bei Riester über die staatliche Förderung mehr, aber ich habe da meine Zweifel. Mindestens das Doppelte, also acht Prozent, wäre wünschenswert.

Einer der ältesten Deutschen Aktienfonds, der ESG Investa LD, erzielte seit seiner Gründung im Jahr 1956 beispielsweise durchschnittlich 7,7 Prozent pro Jahr Ertrag abzüglich Ausgabeaufschlag! Hierbei handelt es sich sicherlich nicht um den besten Anlagefonds, aber das Beispiel zeigt einmal mehr die Bedeutung von Wertpapieren bei einem langfristigen Vermögensaufbau[4]. Hier ein kleines Beispiel: Wenn Sie 100 Euro pro Monat anlegten, ergäben sich nach 30 Jahren auf einem Sparbuch mit jährlich zwei Prozent Zinsen 48 681 Euro. Der oben genannte Fonds brächte in 30 Jahren mehr als das Doppelte!

So macht Geldanlage Spaß. Wenn man dann bedenkt, dass sich in diesen 30 Jahren keiner um die Anlage gekümmert hat, dass sie unbeobachtet mehrere gravierende Kurseinbrüche an den Börsen überstehen musste und trotzdem dieses Ergebnis erzielte, stellt sich die Frage: Was wäre passiert, wenn die Börseneinbrüche nicht gewesen wären?

Dafür wurde im Jahr 2000 die Software »Fonds-Guard®« entwickelt, die genau das überwacht und ausbremst. Mit einer täglichen Kontrolle durch diesen Fonds-Wächter wären in unserem Beispiel über 160 000 Euro erzielt worden![5] Da kommt Freude auf.

An dieser Stelle empfehle ich Ihnen einen Artikel aus der Welt am Sonntag vom 4.10.2020: »Ein Fonds wie ein Denkmal.« Der älteste deutsche Aktienfonds Fondak wurde im Oktober 2020 70 Jahre alt. Lesen Sie, was er in dieser Zeit aus 100 Euro machte.

Oft hört man das Vorurteil, Aktien seien nichts für arme Leute. Was für ein Blödsinn! Gerade Menschen ohne größere

[4] Siehe hierzu Ausschnitt aus der Zeitschrift »Das Investment« von 01/2021, mitten in der Coronakrise, Anlage 1; https://www.das-investment.com/fonds-statistik/

[5] Wenn Sie das über unsere App „Sicher Reich" nachrechnen, kann es passieren, dass Sie ein anderes Ergebnis erhalten. Das liegt daran, dass die Fondskurse in der App regelmäßig aktualisiert werden.

Reichtümer müssen alles auf eine Karte setzen und hoffen, dass sich ihr bisschen Geld wenigstens durch hohe Renditen von selbst vermehrt. Nur so kann daraus ein kleines oder großes Vermögen werden, das zur höheren Rente beiträgt und den Weg in die Altersarmut beendet oder verhindert. Ich gehe später noch einmal im Rahmen des Vermögensbildungsgesetzes darauf ein.

Problematisch ist leider, dass niemand diese Einkommensklasse beraten will. Einerseits ist die Bezahlung schlecht, da der Berater am Anlagevolumen verdient und daher lieber den Kunden ab 500 000 Euro bedient, so wie es bei vielen Banken vorgegeben wird. Andererseits haftet der Berater für die vollumfängliche Aufklärung und Beratung analog der Gesetzgebung und EU-Richtlinien. Dafür will der Berater angemessen honoriert werden. Der Großkunde ist willkommen. Auch dazu später mehr.

Hierbei handelt es sich um ein Kernproblem des Verbraucherschutzes. Die Aufklärung ist zwar grundsätzlich erstrebenswert, aber mittlerweile weder für den Berater noch für den Kunden zumutbar. Die fast grenzenlose Haftung wollen und können die meisten nicht mehr übernehmen. Man kann sich zwar gegen Beratungsfehler versichern, doch das ist teuer und muss letztendlich wieder vom Kunden bezahlt werden.

Hinzu kommen Aufklärungsformulare, die kein Kunde versteht, der Berater muss aber sicherstellen, dass sein Kunde alles versteht, und das ist fast unmöglich geworden. Berater können schließlich aus dem Verbraucher keinen Experten machen!

Früher basierte die Beratung auf Vertrauen. Der Kunde verließ sich auf seinen Berater und unterschrieb wenige Formulare, meistens ohne sie gelesen zu haben. Leider wurde dieses Vertrauen von Banken, Versicherungen und Beratern manchmal missbraucht. Trotzdem war diese Beratung immer noch besser als gar keine. Um ein weiteres Öffnen der Schere zwischen arm und reich zu verhindern, sollten wir wieder dahin zurückkehren.

Während der Reiche seine Beratung erhält, so wie sie sein muss, bleibt sie dem Armen verwehrt, weil er den damit verbundenen Aufwand nicht bezahlen kann. Ich fordere daher einen Rückschritt zum Vertrauen zwischen den Parteien. Gesetze, Richtlinien, Formulare und sonstige Auflagen müssen vom Tisch. So werden Aktienkäufe (Aktienfonds) für die kleinen Anleger wieder attraktiv.

Nehmen wir an, Sie sind meinem Rat gefolgt und haben mit der Besparung von guten Aktienfonds begonnen. Ihr Ziel ist es, in ferner Zukunft mehr Geld für Ihre Fonds zu bekommen, als Sie dafür bezahlt haben.

Ich möchte Ihnen folgende kleine Denkaufgabe stellen: Was, glauben Sie, ist besser für Ihren Sparplan: Wenn die Kurse zwischendurch fallen oder wenn sie steigen?

Vermutlich lautet Ihre Antwort »Kursanstieg«, schließlich haben vor fallenden Kursen alle Anleger Angst – Sie auch?

Doch ich darf Sie überraschen, denn das Gegenteil ist der Fall: Bei Börseneinbrüchen erhalten Sie mehr Anteile, als bei wachsenden Kursen. Für mehr Anteile bekommen Sie auch mehr Geld. Es ist also gut, wenn die Kurse fallen (siehe Grafik auf Seite 26).

Jetzt sind Sie einen gewaltigen Schritt weiter!

Freuen Sie sich, wenn ab morgen die Kurse an den Börsen fallen. Damit stehen Sie zwar relativ allein da, denn kein Banker, kein Berater hat sich jemals für seine Kunden fallende Kurse erhofft. Doch ich wünsche genau das meinen Klienten seit Jahren. Der Kurseinbruch an den Börsen, der sogenannte Crash, ist mein größter Wunsch für alle Fondssparer.

Sie haben jetzt verstanden, warum das so ist, und müssen all Ihren traurigen Freunden erklären, warum Sie über die fallenden Kurse lächeln dürfen.

Mein größter Wunsch? Ein saftiger Crash!

Burghard Stöver

Was ist gut für die Wertentwicklung?

Nehmen wir mal an, Sie zahlen siebenmal regelmäßig 100 Euro in einen Fondssparplan ein, und zu Beginn kostet ein Fondsanteil 100 Euro. Danach steigt oder fällt der Kurs regelmäßig um 25 Prozent, bzw. bleibt unverändert. Was ist dann für die Wertentwicklung am besten?

— · — · — **A** Wenn der Kurs erst steigt und dann fällt?

· · · · · · · · · · · · · **B** Wenn der Kurs gleich bleibt?

— — — — — **C** Wenn der Kurs erst fällt und dann steigt?

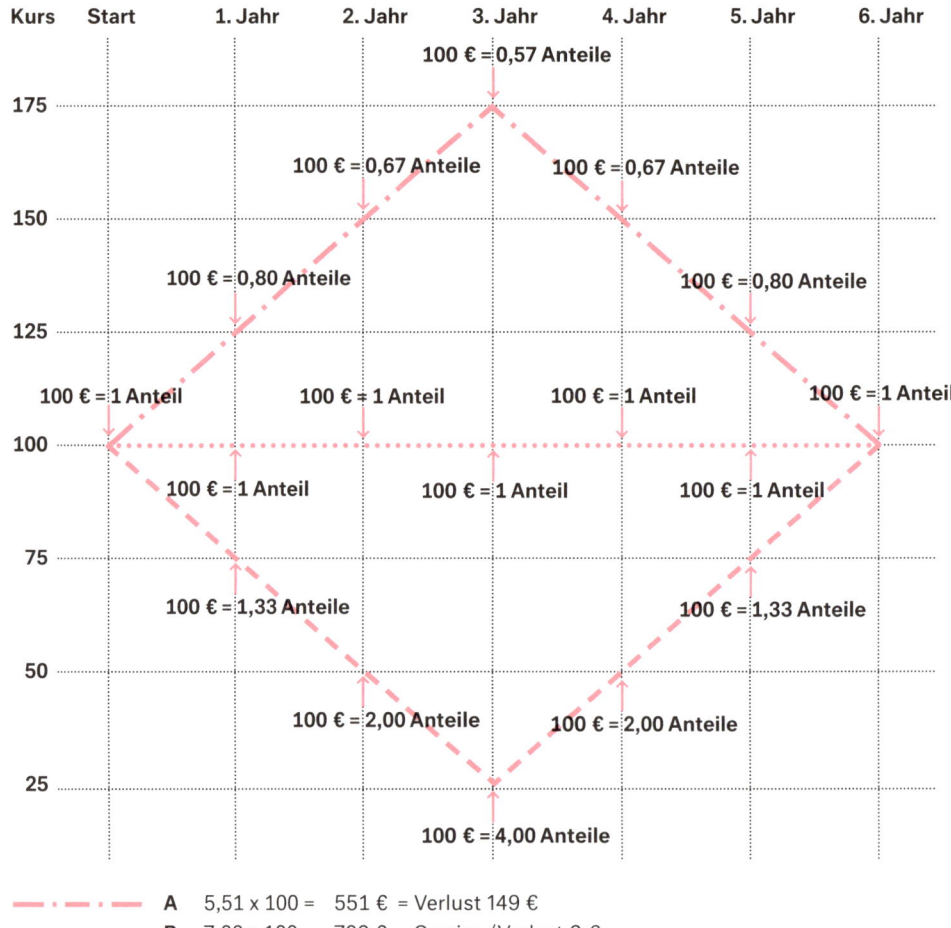

— · — · — **A** 5,51 x 100 = 551 € = Verlust 149 €

· · · · · · · · · · · · · **B** 7,00 x 100 = 700 € = Gewinn/Verlust 0 €

— — — — — **C** 12,60 x 100 = 1266 € = Gewinn 566 €

Fazit: Es wäre schön, wenn der Kurs während der Ansparphase mal fallen würde, siehe C. Bei A hätten Sie nach der vierten oder fünften Einzahlung mit Gewinn aussteigen können. Diese Überwachung übernimmt übrigens Fonds-Guard für Sie.

In vielen Medien wird immer wieder vom Weltuntergang berichtet – gerade dann, wenn die Kurse an den Börsen fallen. Wenn Journalisten dieses Buch gelesen haben, werden sie in Zukunft vielleicht anders berichten. Es wäre jedenfalls wünschenswert.

Merksatz 5   **Machen Sie den Champagner auf, wenn die Börse einbricht, und seien Sie traurig, wenn die Kurse steigen.**

Sie wollen viele Anteile kaufen bei geringen Kursen, denn:
Anteile x Kurs = Guthaben

Nach Jahren ernten Sie dann, was Sie gesät haben:
Viele Anteile x hohen Kurs (auf den Sie geduldig
gewartet haben) = großes Vermögen

> Ich möchte an dieser Stelle den **Merksatz 3** verfeinern: Es ist nicht egal, sondern wünschenswert, wenn die Kurse während der laufenden Besparung fallen und erst zum Ende hin steigen!

Versuchen Sie nicht, was niemand kann.

Leider ist und bleibt das mit den fallenden Kursen eine Illusion. Die Börse ist nun einmal kein Wunschkonzert. Die Kurse werden in den nächsten Jahren immer mal wieder stark steigen. In solchen Momenten können Sie nur wenige Anteile für Ihr Geld kaufen. Zwischendurch werden die Kurse aber auch mal fallen, und dann können Sie sich wieder über viele Anteile freuen. Kommen Sie bitte nicht auf die Idee, das Auf und Ab an der Börse berechnen zu wollen. Das hat noch keiner geschafft! Es waren bestenfalls Glücksritter, aber vor allen Dingen Zocker, und zu denen sollte man besser nicht gehören. Sparen Sie gemütlich lange und regelmäßig an. Akzeptieren Sie, dass es mal teurer und mal günstiger ist, aber bleiben Sie regelmäßig dabei. So werden Sie erfolgreich sein.

Kaufen

Ich steige
schnell
wieder ein.

Warum warnen
mich die
sogenannten
Finanzexperten
nicht?

Hätte ich
doch lieber
nicht verkauft.

Jetzt reicht
es mir, sofort
verkaufen
und nie
wieder
Aktien!

Wann kommt
der nächste
Crash?

Was passiert
denn jetzt?

Verkaufen

Gut, dass
ich verkauft
habe.

War doch klar,
oder?

Hoffentlich fallen die Kurse bald wieder.

Wenn ich Glück habe, gibt es jetzt endlich eine Korrektur.

Schade, dass ich jetzt so wenig für mein Geld bekommen würde.

Prima, so langsam lohnt es sich wieder für mich.

Leider steigen die Kurse, aber Hauptsache ich bin dabei.

Wenn es weiter runter geht, gebe ich einen aus.

Verkaufen

Jetzt be-
komme ich
viel für meine
Anteile.

Die Börse
steigt
und steigt.

Ich freue
mich.

So viele
Anteile für
mein Geld,
toll!

Schade, die
Kurse steigen
wieder.

Da muss ich
wohl auf den
nächsten
Champagner
warten.

Kaufen

Kaufen

Hoffentlich
bleiben die
Kurse tief.
Ich stelle
schon mal den
Champagner
kalt.

Alles zu mir.
Jetzt öffne
ich den
Champagner.

Wenn Sie ein kleines Vermögen angeschafft haben, etwa 5000 bis 10 000 Euro, folgt ein Denkansatz, dem ich seit fast 20 Jahren nachgehe.

Bei solchen Summen tut es zwar weh, wenn der Kurswert um 50 Prozent schwankt, diese Schwankung ist aber gerade der Denkansatz, von dem ich spreche: Oben sichern und unten wieder einsteigen. Nehmen wir einmal an, das ließe sich umsetzen: Dieser Gedanke brachte mich auf die Idee, das Kursverhalten der Aktienfonds zu studieren. Für jeden Aktienfonds, der in Deutschland zugelassen ist, ließ ich das Kursgeschehen seit Gründung analysieren. Herausgekommen ist die bereits zuvor erwähnte Software Fonds-Guard®.

Jeder Fonds hat ein spezifisches Verhalten. Seine normale Kursschwankung lässt sich messen. Mit dieser für ihn »normalen« Schwankung bewegt er sich innerhalb einer Bandbreite auf einem vorgegebenen Weg nach oben. Zu jedem Fonds liegen die entsprechenden Daten und Grafiken vor. Die entscheidende Größe, die Schwankungsbreite – auch Volatilität genannt –, wird in der Regel für jeden Aktienfonds ausgewiesen. Die Schwankungen in dieser Bandbreite gelten als normal und sind für den Anleger akzeptabel. Zur Veranschaulichung sind die Hinweise zu zwei der ältesten Fonds, dem Investa und Fondak, auf Seite 33 abgedruckt. Aufgrund ihres jahrzehntelangen Bestehens lässt sich an ihnen die Relevanz der Kursschwankungen verdeutlichen.

Diese Daten können Sie täglich aktualisiert online unter anderem unter www.onvista.de oder www.finanztreff.de abrufen.

Mit der Bandbreite spielen

Fondak- und Investa-Fonds im Vergleich

Fondsname	Investa, 807400	Fondak, 847101
Anlageklasse	Aktienfonds Deutschland	Aktienfonds Deutschland
Morningstar-Rating	* * *	* * * *
Auflagedatum	7.12.1956	30.10.1950
Fondsvolumen	3,65 Mrd.	2,21 Mrd.
Risiko- und Ertragsprofil	5	5
1-Jahres-Performance	+3,39 %	+6,67 %
3-Jahres-Performance	+6,64 %	+9,09 %
5-Jahres-Performance	+41,12 %	+52,48 %
10-Jahres-Performance	+97,36 %	+94,42 %
5-Jahres-Volatilität	23,85 %	18,91 %
Ausgabeaufschlag	5,00 %	5,00 %
Laufende Kosten	1,40 %	1,69 %

Stand: 23.02.2021

Verlässt der Kurs die normale Bandbreite nach unten, sollten Sie aus diesem sonst guten Fonds aussteigen, um ihn eines Tages zu einem niedrigeren Kurs zurückzukaufen. Dadurch würde die Anzahl der Anteile des Fonds in Ihrem Depot zunehmen. Und das genau ist unser Ziel!

Für die Überwachung ist es von Vorteil, einen Fonds zu wählen, der sehr starken Schwankungen unterliegt. Die Chance, oben (also bei hohem Kurs) rauszugehen und unten (also bei niedrigem Kurs) wieder einzusteigen, ist dann sehr groß. Im besten Fall würden Sie dadurch viele Anteile kostenfrei erwerben – der Traum eines jeden Sparers.

> **Sicherheitsstufe 5**
> *Kaufen Sie einen guten Aktienfonds mit hoher Schwankung (Volatilität) und lassen Sie Fonds-Guard darüber wachen.*

Diese Sicherheitsstufe ist kein Muss, hat bisher aber für mehr Sicherheit gesorgt und im Ergebnis mehr eingebracht, als der Aktienfonds erwirtschaften konnte.

Die 5 Sicherheitsstufen für einen Aktiensparplan

1. Streuung in erfahrene Top-Aktienfonds

2. Investition in Großunternehmen (Blue Chips)

3. Langfristiger Anlagehorizont > 5 Jahre

4. Starke Schwankungen (Volatilität)
   nur in Verbindung mit Punkt 5!

5. Aufpasser, z.B. Fonds-Guard® oder Police-Guard®

2

Gewünschte Überwachung

Wer sichere Schritte tun will,
muss sie langsam tun.
Johann Wolfgang von Goethe

Die Entwicklung von Fonds-Guard®

Wie bereits beschrieben, war meine Beratertätigkeit Ende der
1990er-Jahre nicht gefragt. Die Einstellung zu zehn bis 15 Prozent Rendite pro Jahr passte nicht in diese Zeit. Wer aber bei mir
blieb, kam so zumindest sehr erfolgreich durch die Höhenflüge
(Haussen) der Börsen und den anschließenden Absturz (Crash).
Die häufigsten Fragen an mich lauteten:

- Herr Stöver, die Kurse haben sich verdoppelt,
  soll ich nicht verkaufen?

Diese Frage hätte ich nur dann richtig und gut beantworten
können, wenn ich den Börsenverlauf des nächsten Tages oder der
nächsten Wochen, Monate oder Jahre gekannt hätte. Hätte ich
zum Verkauf geraten und die Kurse wären weiter gestiegen, hätte
mein Rat zu Verärgerung geführt. Hätte ich zum Nichtverkauf
geraten und die Kurse wären gefallen, hätte das ebenfalls Enttäu-
schung hervorgerufen. Hierbei handelt es sich um die ewige
Zwickmühle, in der Berater stecken. Keiner kennt den Börsenverlauf der Zukunft. Aber es gibt eine Lösung, dazu später mehr.

2000 bis 2003 stürzten die Kurse an den Börsen ab. Viele verloren ihr Geld. Es hieß, dass 50 Prozent des Volksvermögens der
Deutschen in dieser Zeit verbrannt wurde. Woran lag das? Folglich stand der Berater wieder im Mittelpunkt des Geschehens.

- Herr Stöver, die Kurse sind um zehn Prozent gefallen,
  soll ich verkaufen?

Sie wissen es schon: Auch auf diese Frage gibt es keine vernünftige Antwort. Die schlimmste Erwiderung war: »Ich würde
die Aktien behalten, denn zehn Prozent sind so viel, da müssen
die Kurse doch wieder steigen.« Tatsächlich fiel der Dax um weitere 60 Prozent. Das tat weh.

Die Schuldigen waren aus Anlegersicht schnell ausgemacht: die Berater. »Die hätten das doch kommen sehen müssen. Die hätten doch rechtzeitig warnen müssen. Die hätten doch zum schnellen Verkauf raten müssen. Die machen doch den lieben langen Tag nichts anderes!«

Über die folgenden drei Jahre waren bei vielen Beratern Beschimpfungen an der Tagesordnung und Burn-out, Tränen und schlaflose Nächte keine Seltenheit. Überforderung und Handlungsunfähigkeit kamen hinzu. Viele Anlageberater gingen in Deckung und ließen oftmals ihre Kunden im Regen stehen.

Das wollte ich nicht noch einmal erleben, weder meine Kunden noch mich oder meine Mitarbeiter erneut in so eine Situation bringen.

Welche Sorgen hat der Kunde?

1. Wenn der Berater keine Kursprognose abgeben kann, er also keine Glaskugel besitzt oder im Kaffeesatz liest, kann er mir nur falsche Tipps geben oder ist eben ein Glücksritter. Beides ist eher unbrauchbar!
2. Wenn der Berater ohnehin nur acht Stunden pro Tag arbeitet, dann auch noch Urlaub macht, krankfeiert oder seinem Hobby frönt, ist er doch sowieso nicht der Richtige für mich, weil er nicht immer für mich da ist!
3. Wenn der Berater außer mir noch weitere Kunden hat, wird er sich gewiss nicht spontan an meinen Fonds oder die Zusammenstellung meines Wertpapierdepots erinnern, oder? Weiß er dann überhaupt, wer ich bin und welche Ängste und Sorgen ich habe? Kann er sich eigentlich an meinen Namen erinnern?
4. Wenn hektische Börsenbewegungen, wodurch auch immer, entstehen, will ich, dass mein Berater meine – und nur meine – Anlagen in meinem Sinne überwacht und schützt!

»Ich habe für meine Verhältnisse viel Geld angelegt, und darauf soll eben bestmöglich aufgepasst werden! Ich will einen Berater, der Tag und Nacht an mich und meine Anlagen denkt, sie überwacht und im Ernstfall in meinem Sinne handelt. Ist das zu viel verlangt?«

Große Anleger verfügen bestimmt über solch einen Berater, obwohl ich auch das nicht so richtig glauben kann, denn gerade die »wichtigen« Berater sind doch immer auf dem Golfplatz oder der Segelyacht.

Fonds-Guard® ist die Lösung!

Bis zum großen Börsencrash 2000 ging ich davon aus, ich sei ein engagierter, seriöser und vertrauenswürdiger Berater. Ich hatte viele Kunden, die mich regelmäßig weiterempfahlen und achteten. Ich liebte meine Arbeit und natürlich meine Klienten. Dann kam der Absturz.

Ich wollte meine Kunden schützen. So entstand die Idee zu Fonds-Guard®.

Ich wollte meine Kunden schützen, mit ihnen sprechen, telefonieren und gemeinsam überlegen, was in der Situation sinnvoll wäre. Aber ich erreichte kaum einen, sie waren auf der Arbeit, in Terminen, auf Reisen oder eben auf dem Golfplatz. Sie hatten keine Zeit für mich. Außerdem hatte ich dank der jahrelangen Empfehlungen zu viele Kunden, zumindest deutlich mehr als nur einen. Natürlich erinnerte ich mich nicht an die einzelnen Fonds, die in unterschiedlichen Zusammensetzungen und zu verschiedenen Kaufkursen in ihren Depots lagen. Und tatsächlich hatte ich nicht alle meine Kunden mit ihren speziellen Wünschen im Kopf. Ich war eben auch nur ein Durchschnittsberater, vielleicht etwas besser, aber eben nur vielleicht.

In meinen schlaflosen Nächten und beim Joggen entstand die Idee zu Fonds-Guard®, einem Wächter über die Anlagen meiner Kunden. Die Ansprüche an ihn waren schnell erfasst:

1. Arbeite 24 Stunden, nimm keinen Urlaub und sei bitte nie krank!
2. Denke immer und ausschließlich an meinen liebsten Kunden!
3. Vergiss nie, welchen Fonds mein Kunde wann zu welchem Kurs gekauft hat!
4. Verfolge täglich den Kursverlauf dieses einen Fonds!
5. Beachte die Absprachen mit meinem Kunden, die über seine Wünsche und Ansprüche an die Börse Aufschluss geben!
6. Passe dich täglich an das Börsengeschehen an!

Zugegeben, es handelte sich um sehr sportliche Ansprüche an meinen neuen Mitarbeiter, und es war klar, dass mir das nicht einmal der best trainierte Mensch bieten würde. Stellenausschreibungen konnte ich also vergessen. Selbst wenn ich für jeden Kunden einen eigenen Berater zur Verfügung gestellt hätte, wäre es an der Arbeitszeit und an den Kosten gescheitert. Darüber hinaus gab es weitere Ansprüche, diesmal an meine Kunden.

Ich liebe meine Klienten, und das beruht hoffentlich auf Gegenseitigkeit. Sie sind aber auch nur Menschen wie Sie und ich. Sie sind bisweilen launisch, vergesslich, undankbar und neigen dazu, die Schuld beim Berater zu suchen, wenn etwas schiefläuft. Manche finden schnell Verbündete, die mit Streitereien ihren Broterwerb betreiben, andere auch Mitstreiter, die sich gern einmischen und Päpste in der Beurteilung der Vergangenheit sind. Sie wissen zwar immer genau, warum die Börse einbrechen oder steigen musste; bei Prognosen liegen sie allerdings genauso häufig daneben wie jeder andere Mensch auch. Aus eigener Erfahrung muss ich die Verbraucherzentrale Bremen massiv kritisieren, dazu später mehr.

Der Kunde gibt die Richtung vor

Welche Vorgaben und Wünsche erwarte ich von meinem Klienten?

1. Der Anleger muss in einem ausführlichen Gespräch zunächst die Ansprüche an seine Renditeerwartung an den Fonds mitteilen. Dadurch unterscheiden sich alle Kunden voneinander: Der eine ist mit drei Prozent pro Jahr zufrieden, beim anderen dürfen es 20 Prozent und mehr sein. Er muss also seine spezielle Zielrendite unwiderruflich festlegen.
2. Der Anleger muss außerdem endgültig entscheiden, wie lange er sein Geld anlegen kann. Will er nur ein Jahr sparen oder Geld für zehn oder 30 Jahre investieren?

Aus diesen beiden Vorgaben ergibt sich eine logische Auswahl verschiedener zusammengesetzter Fonds, die jeder Berater kennen sollte. Makler haben es dabei sicherlich einfacher als Bankberater, die oftmals nur eigene Produkte anbieten dürfen.

Wer hohe Türme bauen will, muss lange beim Fundament verweilen.
Anton Bruckner

Jetzt kommt das Salz in die Fonds-Guard®-Suppe: Für jeden Fonds gibt es die Verläufe und Kurswerte aus der Vergangenheit. Die kann sich jeder im Netz ansehen. Je älter ein Fonds ist, umso besser lassen er und sein Management sich einschätzen. Dennoch bleibt es eine Abschätzung, eine Garantie für die Zukunft gibt es nicht, aber die brauchen Sie auch nicht!

Aus langen Verläufen, beispielsweise über 20 oder mehr Jahre, lässt sich das »normale« Verhalten eines Fonds ablesen und prognostizieren. Die üblichen Schwankungen, die der Anlageregion oder -klasse geschuldet sind, müssen gekannt und akzeptiert werden. Wenn diese sogenannte Volatilität allerdings nach unten durchbrochen wird, stimmt etwas nicht in dieser Welt, und eine Anlagepause, sprich ein Verkauf der Anlage, wird erforderlich, und zwar sofort! Verhält der Fonds sich dann wieder »normal«, darf durch den Wiedereinstieg gern weiter gespart werden.

Jeden Tag wird an der Börse ein neuer Kurs für den Fonds berechnet. Dieser spiegelt die Auswirkungen des Welt- und Wirtschaftsgeschehens wider. Ein deutscher Fonds wird sicherlich mehr von deutschen Geschehnissen beeinflusst und ein asiatischer stärker von asiatischen, auch wenn die Amerikaner gern überall mitreden wollen. Aber auch das Mainstreamverhalten der Menschen fließt in diese Kurse mit ein. Angst und Gier entscheiden über Verkauf oder Kauf, über Angebot und Nachfrage, die entscheidenden Faktoren für den Preis einer Sache oder eben den Kurs einer Aktie.

Dieser Kurs wird börsentäglich in das Fonds-Guard®-System übernommen, ins Verhältnis zum Kaufkurs des Kunden gesetzt und ermittelt so tagtäglich die Zwischenrendite. Erreicht er sein persönliches Renditeziel, kann der Anleger sich zufrieden und gelassen zurücklehnen. Genau das wird dem Anleger mitgeteilt – eine sehr erfreuliche und beruhigende Nachricht. Übrigens für beide Seiten, sowohl für den Anleger als auch den Berater, denn Letzterer will unbedingt, dass seine Empfehlung zu einem guten Resultat führt. Er möchte schließlich auch gut schlafen können.

An dieser Stelle kommt zum Salz der Pfeffer hinzu: Jeden Tag wird die Rendite berechnet, und wenn sie steigt, ist die Freude groß. Dieser Anstieg ist aber nicht garantiert. Somit wird vorsorglich eine sogenannte **fallende Toleranz** mit dem Kunden vereinbart, die die Frage klärt, wie weit der Fonds nach Erreichen des Renditeziels noch einmal fallen darf, bevor er verkauft werden soll. Als Entscheidungshilfe dient die aus den Vergangenheitswerten berechnete übliche Schwankungsbreite nach unten, die jeder Kunde akzeptieren sollte. Demnach wird der Fonds erst bei Absturz verkauft, und nicht schon, wenn er nur nach unten etwas zuckt. Dahingegen erhöht jede Steigerung nach oben tagtäglich den Gewinn. Vielleicht wird der Fonds dadurch nie oder erst nach Jahren verkauft. Doch selbstverständlich lässt sich die sinkende Toleranzbereitschaft individuell festlegen, wodurch der automatische Verkauf eben später oder früher erfolgt.

Allerdings gibt es für jeden Fonds wissenschaftlich ermittelte Renditeziele und Toleranzen, die von uns empfohlen werden.

Bekanntlich lebt der Berater vom Umsatz und den entsprechenden Kaufgebühren. Durch Fonds-Guard® wird der willkürliche Umsatz ausgebremst. Kurzfristig verdient der Berater dadurch womöglich weniger, langfristig aber deutlich mehr:

1. Der Kunde wird reicher und liebt seinen Berater.
2. Je reicher der Kunde, desto höher der Umsatz eines Tages.

Fonds-Guard® ist unbestechlich, einfach ehrlich!

Aufgrund der Gebühren entstanden in den letzten Jahren sogenannte ETFs (exchange-traded funds, also börsengehandelte Fonds). Ein Riesengeschäft mit der breiten Masse, die glaubt, billig etwas Gutes erworben zu haben. Wie problematisch ETFs sein können, wurde schon auf Seite 18 erwähnt.

Gebühren zu sparen, ist nicht immer eine gute Empfehlung! Besser ist immer noch der sachliche Vergleich zwischen verschiedenen Anlagen. Dabei gibt es eigentlich nur eine Frage zu klären: Welche Anlage erzielt nach Kosten mehr für den Anleger?

Die Manager der erfolgreichsten Fonds haben die ETFs nach Kosten – teilweise um Längen – in der Nettorendite geschlagen. Also immer schön vergleichen! Finanzmakler können das!

Fonds-Guard® überwacht also börsentäglich die Aktienfondsanlagen und verfolgt sie in einer vorher klar definierten Bandbreite. Das Renditeziel wird erreicht, steigende Kurse werden akzeptiert und die Anteile bei einem überdurchschnittlichen Kursverfall verkauft, egal, wo der Kunde und der Berater zu diesem Zeitpunkt sind. Beide können wieder ruhig schlafen oder golfen, segeln, arbeiten. Fonds-Guard® ist eine gute Medizin. (siehe Grafik auf Seite 45)

Neid, sagt der Volksmund, ist die aufrichtigste Form der Anerkennung. Manchmal ist es auch die Kopie, die das Original lobt. So gab es von Mitbewerbern einige Versuche, Fonds-Guard® nachzuahmen. Alle scheiterten. Die Verarbeitung von mehr als 10 000 Kursen pro Tag sowie die ständige Berechnung und Nachjustierung der Volatilitäten überfordert so manche Hardware und so manchen EDV-Fachmann. Es gibt eben nur ein Original!

Alle Versuche, Fonds-Guard® zu kopieren, scheiterten.

Sie müssen sich Fonds-Guard® wie einen computergesteuerten Bus vorstellen. Er fährt zwar allein, wird aber zu Beginn ständig von Fahrern begleitet, die von Fall zu Fall eingreifen oder sinnvolle Verbesserungen vornehmen. Irgendwann wird der Bus als selbstlernendes System vorausschauender reagieren, als es ein Mensch kann. So hat auch Fonds-Guard® einmal angefangen.

An dieser Stelle noch einmal meinen herzlichen Dank an einige Wissenschaftler der Uni Bremen für ihre Unterstützung bei der Entwicklung von Fonds-Guard® und den notwendigen Algorithmen.

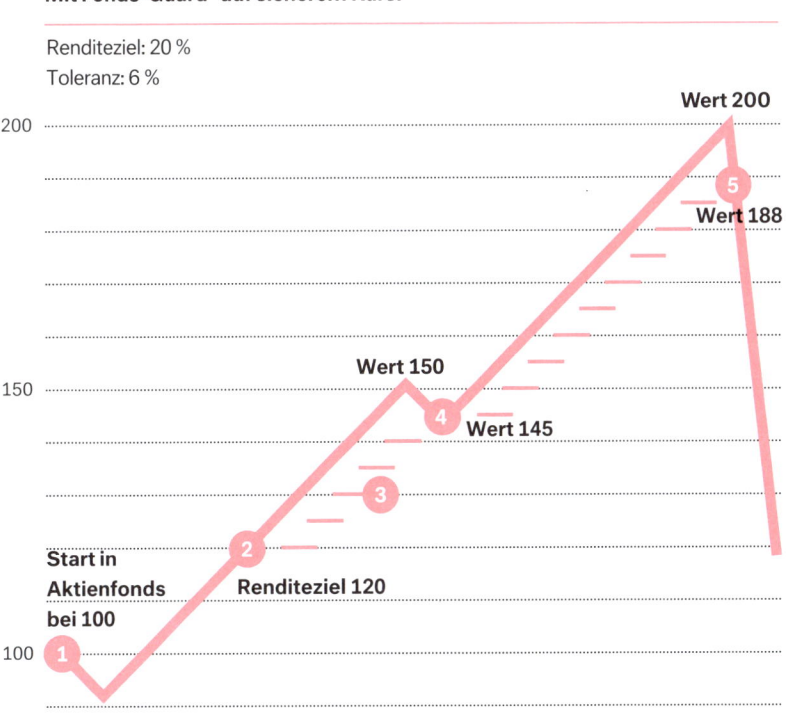

Mit Fonds-Guard® auf sicherem Kurs!

Renditeziel: 20 %
Toleranz: 6 %

200

Wert 200

Wert 188

150

Wert 150

Wert 145

Start in
Aktienfonds   Renditeziel 120
bei 100

100

1 Fonds-Guard® überwacht die Kursentwicklung Ihres Investmentfonds und ermittelt zuverlässig an jedem Börsentag Ihren persönlichen Gewinn.

2 Fonds-Guard® stellt fest, wann Sie Ihr persönliches Renditeziel ereicht haben.

3 Sobald Ihr Renditeziel erreicht ist, wird ein Stoppkurs unterhalb der vorher mit Ihnen festgelegten Toleranzgrenze aktiviert.

4 Steigt Ihr Investmentfonds weiter im Kurs, dann passt sich der Stoppkurs an jedem Börsentag nach oben an. Geringfügige Schwankungen im Rahmen der von Ihnen vorgebenen Toleranz sind erlaubt.

5 Wird der zuletzt gesetzte Stoppkurs unterschritten, wird Ihr Investmentfonds unverzüglich verkauft, und Ihr persönlicher Gewinn ist gesichert.

3

Sag mir quando, sag mir wann!

Einer Straßenbahn und einer Aktie
darf man nie nachlaufen.
Nur Geduld: Die nächste kommt mit Sicherheit.
André Kostolany

Der falsche Zeitpunkt?

Oft wird mir die Frage gestellt, wann ich den Kauf einer Anlage empfehle. Da ich bekanntlich nicht weiß, ob die Börse steigt oder fällt, und weder die berühmte Glaskugel besitze noch verbotene Insidertipps geben kann, ist die Antwort klar: heute! Als spontane Reaktion der allermeisten Anleger höre ich: »Ja, aber wenn die Börse fällt, habe ich doch Verluste gemacht?«

Antwort: Nein! Es sei denn, Sie verkaufen Ihre Fondsanteile sofort wieder. Wenn Sie also 100 Aktien gekauft haben und nicht verkaufen, besitzen Sie immer noch 100 Aktien. Warten Sie einfach, bis die Kurse wieder steigen, dann können Sie verkaufen.

Und wie lange dauert das?

Das weiß ich auch nicht, aber das ist auch völlig egal. Denn Sie wollten schließlich langfristig anlegen und warten, nicht wahr?

Es gibt nur ein großes Versäumnis: nie anzufangen!

In Deutschland ist die Angst vor Aktienkäufen weit verbreitet. Als ich vor 40 Jahren mit der Beratung anfing, legten gerade einmal sieben Prozent der Deutschen ihr Geld in Aktien an. Heute sind es gefühlt immer noch sieben Prozent, im Gegensatz zu anderen europäischen Staaten wie Polen, Norwegen, Spanien, Griechenland oder England. Der norwegische Staat zum Beispiel ist über die staatseigene Fondsgesellschaft Norges Invest, dem größten Staatsfonds der Welt, an fast allen DAX-Unternehmen beteiligt. Für jeden Norweger liegen geschätzte 200 000 Euro für die Altersversorgung bereit. Wie schön wäre es, wenn dieses Geld auch den armen Rentnern in Deutschland überwiesen werden könnte. Die Altersarmut wäre beendet.

Das Vermögen des norwegischen Staatsfonds beläuft sich auf ca. eine Billion Euro, angespart in etwas mehr als 20 Jahren, der Großteil aus den Renditen der Aktienanlagen. Das Geld lag also [6] siehe www.nbim.no nicht nutzlos auf Sparbüchern herum.[6]

Hoffentlich ist es in Deutschland auch bald soweit. Die Aufklärung der Politiker steht dabei an erster Stelle, denn ihnen wird zugehört, auf ihre Gesetze wird vertraut. Oder kann es eine Ausnahme geben, und die Politiker kommen parteiübergreifend wie bei den Coronamaßnahmen zu einer schnellen und einvernehmlichen Einschätzung und Befürwortung? Das würde viel vereinfachen. Bildung über das Finanzwesen auf breiter Ebene, in den Schulen und Universitäten sowie in der Gesellschaft, würde zur Selbstverständlichkeit. Geld wäre kein Tabuthema mehr. Warum auch, es begleitet uns tagtäglich, fast stündlich!

Doch wer hat den Mut, sich gegen die breite Masse der Angstbevölkerung zu stellen? Aufklärer werden in diesem Bereich merkwürdigerweise ungern gesehen. Dabei ist Angst weit verbreitet. Kunden äußern oft Beklemmung bei Anlageentscheidungen, unabhängig davon, ob es sich um 5000 Euro für den Kleinanleger handelt oder um 100 000 Euro für den betuchteren Mandanten. Beide plagt die Furcht, ihr Vermögen zu verlieren. Auf dem Großanleger lastet zusätzlich eine schwere Bürde, denn er hat oftmals geerbt und sieht sich als Beschützer des Kapitals, das auf gar keinen Fall weniger werden darf, schließlich soll es weitervererbt werden. Der Berater trägt sowohl für den Klein- als auch für den Großanleger eine immense Verantwortung, die in Anlagegesprächen häufig deutlich zu spüren ist.

Meiner Erfahrung nach macht selbstangespartes Kapital freier. Sie sind niemandem Rechenschaft schuldig und können mit Ihrem Geld tun und lassen, was Sie wollen. Somit ist die Anlageentscheidung einfacher, Kursschwankungen akzeptabler und Sie nur sich selbst oder bestenfalls Ihrem Partner gegenüber verantwortlich. Wir lernen: Geldanlage hat viel mit Psychologie zu tun.

Natürlich verteidigten unsere Eltern als Kriegsgeneration ihr Sparbuch, ihren Bausparvertrag, das gebaute Haus und die garantierte Bundesanleihe zu acht Prozent Zinsen. Aktiensparen

Stein auf Stein, mit Vorbedacht, gibt zuletzt auch ein Gebäude.
Johann Wolfgang von Goethe

war Teufelswerk, zu gut noch der »schwarze Freitag« im kollektiven Gedächtnis, der Zusammenbruch der New Yorker Börse am 25. Oktober 1929, ein Beweis, dass Aktien brandgefährlich sind!

Wahr ist aber auch: Wer seine Aktien damals behielt, wurde stinkreich.

Wer den Zweiten Weltkrieg überstanden hatte, musste feststellen, dass sein Barvermögen auf dem Sparbuch nichts mehr oder nur noch wenig wert war. Nicht so der Aktionär: Er verfügte noch über seine Aktien und war an Betrieben, die für den Wiederaufbau gebraucht wurden, beteiligt. Sie verdienten schnell wieder Geld, machten Gewinne, und der Aktionär bekam seine Dividende. Ihm ging es im Vergleich zum Sparer blendend. Ebenso demjenigen, der andere Sachwerte besaß, zum Beispiel ein Grundstück und mit Glück sogar eine nicht beschädigte Immobilie.

Die Aktienbesitzer waren leider in der Minderheit, und ihre Erfahrung wurde nicht von der breiten Masse angenommen. Der Großteil der Bevölkerung war damit beschäftigt, erst einmal die Existenzgrundlage zu sichern und Wohnraum zu schaffen. Oben auf der Wunschliste stand das eigene Häuschen, das schnell abbezahlt werden sollte. Geld für Aktien war selten übrig.

Die heutige Nachkriegsgeneration, die Menschen über 60 Jahre, ist unter dem Einfluss ihrer Eltern aufgewachsen und erzogen worden. Das Haus stand immer noch oben auf der Wunschliste und Aktien waren tabu. Dafür mussten der Bausparvertrag, das Sparbuch und bestenfalls die Lebensver-sicherung her. Die Wenigen, die Zugang zu Wertpapieren bekamen, müssen sich nun bei Aktienthemen oftmals gegen Freunde am Stammtisch behaupten. Vorurteile, die von der breiten Masse verteidigt werden, halten sich lange.

Erst die Kinder dieser Generation haben die Chance, sich von den Vorurteilen gegenüber Aktien, die sich bei den Großeltern und Eltern festgesetzt hatten, zu lösen. Sie können einen auf-geklärten Anlageweg einschlagen. Vielleicht müssen sie diesen allein gehen, so wie sie ihren Weg zum Umweltschutz gefunden haben. Gespräche darüber mit den vorherigen Generationen werden vermutlich eher vermieden. Sie könnten aber auch Oma und Opa fragen, ob sie als übervorsichtige Großeltern mit einem Sparbuch in die Vererbungsgeschichte eingehen möchten oder als rationale, aufgeklärte Menschen, deren Nachlass Öko-, IT- und Goldfonds enthält. Dann würden die Erben die cleveren Großeltern noch Jahre danach staunend in Erinnerung behalten, unabhängig davon, was diese in ihrem Leben sonst noch Spannendes gemacht haben.

Aber bitte: Gehen Sie umsichtig vor. Bevor Unfriede in die Familie einkehrt, sollen die Altvorderen ihr Geld lieber auf dem Sparbuch lassen. Schade wäre es trotzdem. In meinen Augen ist es vorausschauender, wenn die Großeltern ihre 50 Euro pro Enkelkind in einen Aktienfonds stecken und nach 18 Jahren mal nachschauen, was sich da angesammelt hat. Probieren Sie es mit der App »sicher reich« doch gleich mal aus!

Angst besiegen Sie im Aktienmarkt nur mit Geduld. **Merksatz 6**

Das Verrückte kommt jetzt: Mit dem sogenannten Vermögensbildungsgesetz aus dem Jahr 1965 sollte sichergestellt werden,
dass der »kleine Mann« ebenfalls Vermögen aufbauen kann. 312
DM sollten jährlich vom Staat bezuschusst werden. Die Förderung diente außerdem dazu, den Kauf von Aktien des Arbeitgebers zu ermöglichen und die Beschäftigten auf diese Weise am
Firmenvermögen und der Gewinnentwicklung zu beteiligen.
Was für eine geniale Idee.

Nur fünf Jahre später, im Jahr 1970, wurde unter Willy
Brandt in der sozialliberalen Regierung die Ansparhöhe auf 624
DM verdoppelt, und die Anlage durfte von da an nicht nur beim
eigenen Arbeitgeber, sondern breit gestreut in Aktienfonds vor-
genommen werden. 1987 wurde die geförderte Ansparrate unter
Helmut Kohl noch einmal erhöht, auf 936 DM.

Quer durch alle Parteien herrschte offensichtlich die Über-
zeugung, dass der kleine Mann damit die Chance erhielt, quasi
nebenher zu Vermögen zu gelangen – genau wie der ka-
pitalistische Arbeitgeber, dem schließlich die meisten Aktien
seines Unternehmens gehörten. Und seien Sie sicher: Dieser besaß auch Aktien von anderen Unternehmen, denn er kannte den
sichersten Weg der Kapitalvermehrung.

Die Grundlagen einer üppigen und effektiven Altersversorgung waren also bereits 1965 gelegt. Rein theoretisch hätte ich 1970 im Alter von 17 Jahren mit der Ansparung beginnen können, beispielsweise mittels des 1956 gegründeten Aktienfonds Investa mit deutschen DAX-Werten. Ich habe es durchgerechnet:

- Bis zu meinem 65. Lebensjahr hätte ich selbst aufgebracht[7]:
312 Euro x 17 Jahre = 5 304 Euro
468 Euro x 31 Jahre = 14 508 Euro
Die Gesamteinzahlung hätte 19 812 Euro ausgemacht, abzüglich staatlicher Zuschüsse, die ich unberücksichtigt lasse. Bei einer Verzinsung von jährlich sechs Prozent hätten am Ende **96 282 Euro** für die Altersversorgung zur Verfügung gestanden. Das wäre fast fünfmal so viel gewesen, wie ich selbst eingezahlt hätte.
- Das ist schon okay, aber noch nicht gut! Tatsächlich wären mit dem Investa bei gleichzeitiger Überwachung durch Fonds-Guard® über 240 000 Euro zur Auszahlung gekommen. Das hätte so manchen Rentner glücklich gemacht und Altersarmut wäre vielleicht kein Thema mehr gewesen.
Selbst wenn wir berücksichtigen, dass die Überwachung mit Fonds-Guard® über fast 50 Jahre Geld gekostet hätte, so wäre die Ablaufleistung auf jeden Fall über zehnmal höher gewesen, als ich eingezahlt hätte. Gebühren wären da locker drin gewesen.

[7] Es geht hier nicht um die letzten tausend Euro, und um es einfach zu halten, habe ich DM zur Hälfte in Euro umgerechnet.

Es ist Ihnen sicherlich aufgefallen, dass ich auf diese Auszahlung 48 Jahre lang hätte warten müssen. Zugegeben ein sehr langer Zeitraum. Der Zeitfaktor spielt aber eine wesentliche Rolle bei Anlagen in Aktienfonds. Zinsen haben erst einen größeren Anteil am Zuwachs Ihres Sparguthabens, je mehr das Kapital mit den Jahren zunimmt.

Berechnung nach dem Vermögensbildungsgesetz (umgerechnet in Euro).

monatliche Einzahlung: 26,00 €	monatliche Einzahlung: 39,00 €
	plus Einmalanlage: 9085,95 €
Anlagedauer: 17 Jahre	Anlagedauer: 31 Jahre
Wertsteigerung p.a.: 6 %	Wertsteigerung p.a.: 6 %

nach Jahren	Stand am Jahresende	nach Jahren	Stand am Jahresende
1	322,05	1	10.114,18
2	663,42	2	11.204,11
3	1.025,28	3	12.359,43
4	1.408,84	4	13.584,07
5	1.815,42	5	14.882,19
6	2.246,40	6	16.258,19
7	2.703,23	7	17.716,76
8	3.187,48	8	19.262,84
9	3.700,78	9	20.901,68
10	4.244,87	10	22.638,86
11	4.821,61	11	24.480,27
12	5.432,96	12	26.432,16
13	6.080,99	13	28.501,16
14	6.767,90	14	30.694,30
15	7.496,02	15	33.019,04
16	8.267,83	16	35.483,25
17	9.085,95	17	38.095,32
		18	40.864,12
		19	43.799,04
		20	46.910,06
		21	50.207,74
		22	53.703,27
		23	57.408,55
		24	61.336,13
		25	65.499,38
		26	69.912,41
		27	74.590,23
		28	79.548,72
		29	84.804,72
		30	90.376,08
		31	96.281,71

Die Tabelle links zeigt die Ansparung bis ins 17. Jahr. Die Tabelle rechts nimmt das Ergebnis dieser Ansparung als Starteinlage für eine langfristige Ansparung. Mit monatlich 26 bzw. 39 Euro gelangt man so »nebenher« zu einem ansehnlichen Ergebnis von nahezu 100 000 Euro. Aber es geht noch erheblich besser — mit Fonds-Guard®.

Für die Älteren unter uns verging die Zeit gefühlt schneller. Selbst im Rentenalter ist die Schulzeit noch allgegenwärtig. Gerade neulich sprach mich mein Nachbar an und berichtete voller Stolz, dass er demnächst seinen 59. Hochzeitstag feiere. Er wirkt noch frisch verliebt, als hätte er erst gestern geheiratet.

Was haben Sie vor zehn Jahren gemacht, oder vor 20 Jahren? Ging doch ganz schön schnell, oder? Vielleicht sind Ihre Kinder schon im Studium, Ihr Enkel kommt zur Schule?

> *Als ich klein war, glaubte ich, Geld sei das Wichtigste im Leben.*
> *Heute, da ich alt bin, weiß ich: Es stimmt.*
> Oscar Wilde

Sie sind schon zehn Jahre verheiratet? Dabei haben Sie doch gerade erst Ja gesagt, nicht wahr? Also: Nehmen Sie sich die Zeit für die zukünftige Ansparung, denn sie geht (leider) schneller vorbei als gedacht. Damit sind die perfekten Voraussetzungen für eine geduldige Wartezeit auf gute Kurse in der Zukunft geschaffen.

Wer nicht so lange warten will, kann sich Zeit erkaufen. Das klingt gut, aber es geht nicht um Zeit für die Zukunft, also für ein längeres Leben, sondern um die Zeit der Vergangenheit. In der Berechnung habe ich zum Beispiel in den ersten 17 Jahren mit nur 312 Euro pro Jahr gerechnet. Mehr war laut Gesetz nicht staatlich gefördert. Nach dieser Zeit betrug der Zwischenstand 9086 Euro. Diese Summe bildet den Startbetrag für die nachfolgende Berechnung, denn es wurden in den Folgejahren jährlich 468 Euro gefördert und dem Startkapital hinzugefügt.

Jetzt kommt der Zeitkauf: Wenn Sie 9086 Euro übrighaben, sollten Sie mit diesem Betrag beginnen und müssten statt 48 Jahre nur noch 31 Jahre warten. Das klingt doch schon viel besser, oder?

Merksatz 7	Sie kommen Ihrem Sparziel schneller näher, wenn Sie sich mit einer Startzahlung einfach ein paar Jahre erkaufen.

Mit diesem Gedanken lässt sich noch etwas spielen: Stellen Sie sich vor, Sie sind 19 Jahre alt und wollen mit 50 in Rente gehen. Sie glauben, dass dafür rund 200 000 Euro ausreichen. Sie gehen zu Ihren Eltern und bitten um das Startkapital von 9086 Euro. Vielleicht spielen Ihre Eltern mit, weil sie sagen: »Unser Kind wird doch noch vernünftig!«, oder sie Ihnen das frühe Rentenalter gönnen. Ansonsten gäbe es oft noch die Großeltern. Wenn alle mitmachten, könnte das mit der frühen Rente tatsächlich etwas werden.

Noch eine Überlegung: Du bist neun Jahre alt, deshalb duze ich dich. Du träumst ab und zu im Spiel mit deinen Freundinnen und Freunden von der eigenen Familie mit Hund und Pony, und dazu gehören natürlich ein schickes Auto und ein tolles Haus. Das ist jedoch in so weiter Ferne, dass du dich schnell wieder den Schulaufgaben widmest. Gleichzeitig hegen deine Großeltern und Eltern den Wunsch, dass du es einmal guthaben sollst. Deshalb sparen sie seit deiner Geburt regelmäßig für dich an. An deinem 18. Geburtstag stünde somit vielleicht schon das Startkapital von 9086 Euro zur Verfügung, das sich bei weiterer Ansparung mit nur 39 Euro pro Monat bis zu deinem 41. Lebensjahr in über 200 000 Euro verwandelt. Jede Bank würde dir mit 25 Jahren einen Kredit über 200 000 Euro für gerade noch einmal 16 Jahre bereitstellen. Das nennt man eine flotte Hausfinanzierung. Sicherlich ist das nur ein einfaches Haus, aber mit etwas mehr Startkapital und etwas höherer monatlicher Ansparung wird aus dem Haus eine Villa.

Würden Großeltern und Eltern sofort ab der Geburt in Aktienfonds ansparen, wärst du mit 31 Jahren sogar schuldenfrei. Und es geht noch effektiver, aber dazu später mehr.

4

Der Staat meint es doch nur gut

Treffen Einfalt
und Gründlichkeit zusammen,
entsteht Verwaltung.
Oliver Hassencamp

Davon haben alle was

Zurück zu den vermögenswirksamen Leistungen. Ich frage mich: Warum wurden diese ab 1965 nicht in Aktienfonds angespart, und warum wird es heute immer noch nicht gemacht? Die vergangenen 48 Jahre gab es gewaltige Börseneinbrüche: Da war der Schwarze Montag im Oktober 1987 an der Wall Street, 1990 zog Japan die Börsenentwicklung nach unten, und als im August 1991 gegen Michail Gorbatschow geputscht wurde, ging der DAX in die Knie. Die Terroranschläge auf das World Trade Center 2001 ließen die Börsen ebenfalls weltweit einbrechen und auch die 2007 beginnende Finanzkrise hatte ganz erhebliche globale Auswirkungen. Trotzdem ergab die Auszahlung im Verhältnis zur Einzahlung ein traumhaftes Ergebnis! Hätte es Fonds-Guard® damals schon gegeben, hätte dieses Tool die Turbulenzen der Börse positiv genutzt.

Wie so oft standen und stehen wir uns mal wieder – oder immer noch – selbst im Weg. Die vermögenswirksamen Leistungen konnten in verschiedene Sparverträge geleitet werden:

1. Normaler Banksparvertrag mit Zinsen je nach Kapitalmarktlage; früher teilweise bis zu sechs Prozent, heute null Prozent
2. Bausparvertrag, meistens mit drei Prozent Zinsen, heute vielleicht noch ein Prozent
3. Lebensversicherung, früher mit teilweise sieben Prozent Zinsen, heute null Prozent
4. Aktienfonds mit angeblich ungewissem Ausgang

Was, glauben Sie, ließe sich für den Berater am leichtesten verkaufen? Sicherlich *nicht der Aktienfonds*, zumal der Sparer dafür in seiner Familie und bei seinen Freunden damals keinen Zuspruch erhielt. Hinzu kommt ein weiteres Problem: Welche Beratung wäre wohl am schnellsten gewesen? Sicherlich *nicht die der Aktienfonds*. Und wie hoch war eigentlich die Provision für den Berater? Für einen Banksparvertrag wenig, bestenfalls 200 DM. Für einen Bausparvertrag gab es zwischen einem und 1,6 Prozent der Bausparsumme. Bei Beträgen von 50 000 DM ergäbe das 500 DM oder mehr Provision. Das rechnete sich für den Berater. Schön war der Verkauf einer Lebensversicherung, hierfür erhielt der Berater bis zu 1000 DM, je nach vereinbarter Laufzeit. Übrigens sind diese Versicherungen, wenn sie heute ausgezahlt werden, komplett steuerfrei. Immerhin boten sie in den letzten Jahren tatsächlich noch einen Garantiezins von bis zu vier Prozent. Trotzdem konnten sie den Aktienfonds nicht schlagen.

Und was erhielt der Berater für die Vermittlung eines Aktienfonds? Eine DM pro Monat, die der Vertrag läuft, also keine Abschlussbeteiligung, sondern eine laufende Provision. Wurde der Vertrag unterbrochen oder gekündigt, ging der Berater leer aus. Nach zehn Jahren hatte er also bestenfalls eine Provision von 120 DM verdient. Was also glauben Sie, hat der Berater lieber verkauft? Sicherlich *nicht den Aktienfonds*!

Für den Berater hat sich der Verkauf von Aktienfonds kaum gelohnt. Kein Wunder, dass er lieber Bausparverträge vermittelte.

Doch was wäre gewesen, wenn die Provision wie beim Bausparen oder den Lebensversicherungen entsprechend höher ausgefallen wäre? Hätte nicht jeder bei einem Ergebnis von umgerechnet 200 000 Euro gern 1000 Euro oder mehr für die Beratungsleistung abgegeben oder ein Honorar nach Stundenaufwand gezahlt? Alles wäre besser gewesen als eine DM!

Die Fondsanlage über das Vermögensbildungsgesetz geriet in Vergessenheit. Ich behaupte mal, dass kaum ein Politiker diese Anlagemöglichkeit, die unsere Väter und Großväter in ein Gesetz gegossen haben, kennt. Ich gehe noch weiter und sage, dass selbst einige Banker davon nichts wissen.

Und heute? Bausparen und Lebensversicherungen werden nach wie vor ähnlich vergütet, Aktienfonds mit fünf Prozent der Einzahlung. Das sind bei 100 000 Euro Anlagesumme immerhin

5000 Euro Provision. Wen glauben Sie, will der Berater als Kunden gewinnen? Oftmals verlangen die »großen Berater« mit der Glaskugel ein Mindestanlagevolumen von 500 000 Euro und mehr. Wo bleiben Sie als Kleinsparer dann mit Ihrem Wunsch nach einem guten Berater?

Zu viel des Guten

Die Berater-
haftung steht
einer optimalen
Kundenberatung
oft im Weg.

Das Problem liegt aber nicht nur in der zu geringen Provision. Berater haften bei Aktienfonds mittlerweile in einer fast unerfüllbaren Art und Höhe. Die Anforderungen wurden immer weiter verschärft. Hier ein kleiner Auszug aus der EU-Richtlinie aus dem Jahr 2002:

1. »Der Versicherungsvermittler muss seine Zuverlässigkeit für den Gewerbebetrieb, geordnete Vermögensverhältnisse, eine Berufshaftpflichtversicherung und Sachkunde nachweisen.«
   Okay, aber wer soll das feststellen, prüfen und beurteilen?
2. »Der Versicherungsvermittler muss beim ersten Kontakt mit dem Kunden über seinen Status, die IHK-Registrierung usw. informieren.«
   Das ergibt mindestens ein DIN A4-Blatt mit viel erklärungsbedürftigem Text.
3. »Protokolle müssen erstellt werden.«
   Dafür müssen die Wünsche und Bedürfnisse der Kunden dokumentiert werden. Da kann der Berater froh sein, wenn der Kunde beides selbst weiß.

Im Anschluss findet die Dokumentation der Beratung mit der Ist-Situation statt, das dauert. Dann erfolgt die darauf basierende Empfehlung mit Begründung. An dieser Stelle muss gewarnt werden: Wer glaubt, dass diese Empfehlung mehr als auf Basis einer Momentaufnahme erfolgt, hat das vielfältige Leben noch nicht verstanden. Gerade finanzielle Veränderungen ergeben sich durch viele persönliche, aber auch externe Entscheidungen pro Tag, Monat oder meinetwegen auch nur pro Jahr. Empfehlungen sollten zudem vom Sparer ständig selbst überprüft werden, denn das ist bestenfalls einmal pro Jahr zusammen mit dem Berater bezahlbar und leistbar.

Mittlerweile gibt es die Verpflichtung zur Weiterbildung von 15 Stunden pro Jahr. Zu diesem Punkt lässt sich nur eins sagen: Machen Sie einen großen Bogen um Berater, die sich nur 15 Stunden im Jahr weiterbilden! Ein guter Berater lernt ständig und beständig, ist immer auf Empfang, laufend, in jeder Minute seines Wachseins. Das Problem solcher Anordnungen ist allerdings, dass diese 15 Stunden irgendwo abgesessen werden müssen und Geld kosten. Wer das bezahlen muss, ist doch klar: der Verbraucher.

15 Stunden Weiterbildung? Was soll das in einem wechselvollen Umfeld bringen?

Zu jedem Produkt wird außerdem ein Informationsblatt erstellt, das dem Kunden auszuhändigen ist. Sie bekommen garantiert sehr viel zu lesen, und eigentlich sind Sie dazu auch verpflichtet, ob Sie wollen oder nicht. Nun muss der Vermittler Ihnen noch lang und breit erklären, wer ihn für was bezahlt und von wem er sein Geld bekommt. Das ist zwar für Sie interessant, für Ihr weiteres Leben aber vollkommen überflüssig.

Ob Sie Provisionen oder Honorare bezahlen, ist doch egal, bezahlen sollten Sie Ihren Berater auf jeden Fall, sonst sind Sie ihn los.

Der Berater muss sich für seinen Verdienst entschuldigen.

Bei dieser Auflage bekommt der Berater schnell den Eindruck, sich für sein Einkommen entschuldigen zu müssen, oder sogar ein schlechtes Gewissen, obwohl er doch sein Geld mehr als wert sein sollte.

Der gläserne Kunde

2013 wurde mit dem § 34f GewO für Finanzanlagenvermittler, ergänzt durch die Finanzanlagenvermittlerordnung, die totale Exploration des Kunden vorgeschrieben mit Angaben unter anderem zur finanziellen Situation, Erfahrung mit Geldanlagen, Risikoneigung und der Möglichkeit, Verluste zu tragen. Sind Sie als Kunde überhaupt für das Produkt Geldanlage geeignet? Das jedenfalls soll der Berater herausfinden, indem er Sie begutachtet. Ich finde, das geht schon sehr ans Eingemachte und ist für manchen Kunden nicht nur teuer, sondern auch unangenehm und womöglich unzumutbar.

Damit ist die Pflicht zur jährlichen Prüfung durch eine externe Stelle verbunden – auch das ist eine zeitlich aufwendige und kostenintensive Belastung für Vermittler und letztendlich den Kunden. Die SHP AG hatte sich einige Jahre freiwillig der Kontrolle durch die BaFin, die Bundesanstalt für Finanzdienstleistungsaufsicht, unterstellt. Ein Lernprozess, der letztendlich nicht viel brachte, außer bürokratische Aktenkontrollen, verbunden mit fünfstelligen Jahresgebühren. Wir traten zum Bedauern der BaFin wieder aus, sahen sie in uns doch sehr innovative Gesprächspartner. Fonds-Guard® und Police-Guard® hatten sie eben noch nie gesehen.

Seit August 2020 kommt die Aufzeichnungspflicht von Telefongesprächen hinzu. Wie aufwendig und teuer das ist, kann sich jeder ausmalen. Auch der Datenschutz lässt grüßen. In Zukunft werden Sie nicht nur vor Abschluss über die Kosten informiert, sondern auch danach wiederkehrend. Das geht zwar wirklich in die Tiefe und bringt viel Informationen, aber garantiert keinem irgendwelche Vorteile. Die Kosten verflüchtigen sich schließlich nicht durch die Mitteilung, sondern steigen aufgrund der zusätzlichen Dokumentationspflicht. Wer das bezahlt, kann sich jeder an fünf Fingern abzählen!

Viel Aufwand, wenig Gewinn

Obwohl an der Arbeit sicherlich kluge Köpfe beteiligt waren und üppige Honorare flossen, ist der ganze Aufwand kaum mehr zu durchschauen und noch weniger zu vermitteln, was die große Masse der Verbraucher auch nicht verstehen will. Hier gilt es zu sortieren und zu überarbeiten: Was ist wirklich notwendig und hilft dem Verbraucher?

Ich bin heute noch der Meinung, dass die Einführung des Effektivzinses dem Endverbraucher kaum etwas gebracht hat. Außerdem bin ich davon überzeugt, dass die wenigsten Verbraucher überhaupt die Bedeutung des Effektivzinses für ihren Kreditvertrag begriffen haben. Versuchen Sie einmal, anderen den Effektivzins zu erklären; eine beachtliche Leistung, sollte Ihnen das gelingen. Allerdings wird sich für die Aufklärung kaum ein Kunde bei Ihnen bedanken oder gar dafür bezahlen. Muss er aber, denn Aufklärung ist wichtig und kostet wie immer Geld.

Was ist vermeidbar? Was rettet den Berater? Sicherlich nicht die Tatsache, dass eine Abschlussprovision nicht mit Unterschrift des Vertrages verdient sein soll. Beim Immobilienmakler hingegen ist das so. Warum also nicht beim Versicherungsvermittler, der seine Provision teilweise zurückzahlen soll, wenn der Kunde seinen Vertrag, aus welchem Grund auch immer, in den ersten teilweise bis zu acht Jahren beitragsfrei stellt oder kündigt? Warum wird dafür der Berater bestraft? Während der Coronakrise wurden beispielsweise viele Versicherungen aus finanzieller Not, hervorgerufen durch Kurzarbeit oder Arbeitslosigkeit, gekündigt. Dafür darf nicht der Berater bestraft werden.

Viele haben deshalb hingeschmissen und aufgegeben, einfach resigniert. Ist das gewollt? Die breite Masse erhält so auf jeden Fall keine Beratung und die Schere zwischen arm und reich geht weiter auseinander. Wer will das verantworten?

Diese Bürokratie schreckt viele Interessenten ab.

Der Berater muss die Provision zurückzahlen, wenn der Kunde nach Jahren kündigt.

Frustrierte Berater, entmündigte Kunden

Durch diese Regelungen sind die Kunden ein Stück weit entmündigt worden. Ich bin der Meinung, dass jeder Verbraucher selbst entscheiden dürfen sollte, ob und inwieweit er Beratungszeit für gesetzliche Vorschriften in Anspruch nehmen und bezahlen will. Er sollte außerdem, so wie es früher der Fall war, einen Berater auf Vertrauensbasis engagieren dürfen und ihn auch von jeglicher Haftung freistellen können. So wäre zumindest sichergestellt, dass jeder Kunde eine bezahlbare Beratung bekommt.

Vertrauen ist eine Kostbarkeit, die kein Berater verspielen sollte!

5

Von der Wiege bis zur Bahre

Die Bürokratie ist ein gigantischer Mechanismus,
der von Zwergen bedient wird.
Honoré de Balzac

Überall wird Betrug gewittert!

Die überbordende Bürokratie wurde zum Schutz der Kunden eingerichtet. Das jedenfalls war und ist das Ansinnen der Verbraucherschützer, die nicht müde werden, vor Falschberatung und Betrug zu warnen. Sicher gut gemeint, aber nicht gut gemacht. Denn sind die Sorgen um eine betrügerische Beratung wirklich begründet? Ich habe da meine Zweifel, denn:

1. Auf Vertrauensbasis lässt man sich nur von vertrauenswürdigen Fachleuten beraten.
2. Die Gerichte und Anwälte sind auch noch da.

Wer dieses Buch gelesen und sich für Fonds-Guard® entschieden hat, ist mehr als gut auf Finanzthemen vorbereitet. Er hat die Eignungsprüfung bestanden!

Viele Gesetze, die die Finanzberatung betreffen, schaffen bürokratische Monster, aber noch lange keinen Bildungswillen bei den Kunden. Das aber ist auch eine Aussage: Wer sich nicht selbst informiert, möchte wohl weiter auf Vertrauensbasis beraten werden. In Tausenden von Beratungen habe ich festgestellt, dass der Kunde nicht oder nur selten entscheidungsfähig war, und daran hat sich bis heute nichts geändert. Woran liegt das? Warum wird die Entscheidung gern auf den Berater abgewälzt? Die Kunden sagen:

- »Ich verstehe sowieso nichts davon, aber wenn Sie das sagen ... «
- »Ich vertraue Ihnen und Ihrem Ratschlag.«
- »Sie machen das schon für mich.«
- »Lassen Sie mich mit dem Papierkram in Ruhe. Wo soll ich unterschreiben?«

Die Verantwortung für Ihr eigenes Handeln können Sie   **Merksatz 8**
nicht abgeben. Das wäre ein Widerspruch in sich.

Es wäre falsch zu behaupten, dass es eine zu 100 Prozent richtige Beratung gäbe. Der Kaufkurs eines Aktienfonds kann am nächsten Tag niedriger, also günstiger sein. Ein anderer Fonds entwickelt sich womöglich besser, ist dann aber teurer. Der Anlagezeitraum von fünf Jahren kann zu lang bemessen sein, oder die Welt spielt verrückt und alle Kurse gehen nach unten.

Es kann aber auch passieren, dass der Kunde labil wird. Damit meine ich nicht, dass er psychisch erkrankt. Vielmehr unterliegt jeder Mensch einem Wechselbad der Gefühle, unterschiedlicher Tagesform, Harmonieschwankungen im Alltagsleben, stetigen Veränderungen seiner finanziellen Situation, Krankheiten, aber auch Gehaltserhöhungen, die zu einem Anstieg der Sparrate hätte führen können oder sogar müssen – Stichwort Inflationsausgleich. Wie soll ein Berater davon erfahren und das alles berücksichtigen?

Liebe Verbraucherschützer, Gesetzgeber und Anwälte: Bitte begreift das doch mal! Die tagesaktuelle Erfassung der Lebenssituation aller seiner Kunden kann kein Berater der Welt leisten.

Außerdem: Würden Sie sich vom Anlageberater auf Ihren Seelenfrieden hin befragen lassen? Kunden verstehen schon nicht die Neugier nach Familienstand oder Beziehungsproblemen zu den Kindern oder der Frau. Steht demnächst vielleicht eine teure Scheidung an? Wenn solch eine Frage gestellt wird, kommen womöglich Zweifel am psychischen Gesundheitszustand auf. Sollten Kunden also eher gefragt werden, ob sie ihre Frau lieben und das auch umgekehrt gilt? Das ginge wohl auch nicht, wäre für eine gute Beratung aber wichtig zu wissen.

Die Anamnese des vertrauten Hausarztes bezieht sich nur auf Vorerkrankungen und nicht auf Größenwahnsinn oder Suizidgefährdung. Letzteres würde die Lebensversicherung allerdings gern vor Abschluss einer Todesfallversicherung erfahren, und Größenwahn könnte bei der Anlageentscheidung zum Verhängnis werden.

Der Finanzanlagenvermittler muss seinen Kunden entsprechend der Verordnung in der Tiefe durchleuchten. Exploration wird das genannt. Neben Erfahrungen mit Geldanlagen, der Risikoneigung und der Bereitschaft, Verluste zu tragen, muss die finanzielle Situation in allen Richtungen ermittelt werden. »Was wäre, wenn ...?« ist die entscheidende Frage, die zu klären einige Zeit in Anspruch nehmen kann. Von der Berufsunfähigkeit bis hin zur eventuellen Übernahmepflicht der Pflegekosten für die eigenen Eltern wird alles Relevante thematisiert, bevor eine Anlageempfehlung erfolgen darf.

Bei der nächsten Sintflut wird Gott nicht Wasser,
sondern Papier verwenden.
Romain Gary

Wenn Sie mich fragen, ist das zwar manchmal machbar, aber in den meisten Fällen völlig praxisfremd. Wenn das jedoch nicht immer umsetzbar ist, muss die Verordnung oder zumindest die Haftung für den Berater vom Tisch. Der Kunde muss selbst entscheiden dürfen, ob er die Exploration wünscht oder ob ihm das zu weit geht. Letztendlich kostet solch eine Finanzplanung schnell einige Tausend Euro.

Das kann dazu führen, dass einige Berater nur noch Finanzplanung anbieten, aber keine Produkte mehr vermitteln. Sie beziehen ihr Honorar und sind nicht weiter haftbar. Wer aber soll die Haftung übernehmen?

Mein erstes Buch

Mögliche Hürden bei der Geldanlage behandelt mein erstes Buch: »Sicher reich – für kleine und große Leute«, ein kurzes und knackiges Aufklärungsbüchlein[8] für jedermann, besonders für Jugendliche, die mithilfe der angehängten App »sicher reich« Geldanlagen spielerisch simulieren können – übrigens schon seit 2013. Es war die erste Finanz-App, zu einem Zeitpunkt, zu dem kaum jemand wusste, was eine App überhaupt ist.

Es erfüllte mich mit Stolz, wenn ich das als Iphone gestaltete Büchlein einfach mal in einer Kneipe liegen ließ und mich beim Weggehen die Bedienung aufgeregt auf mein angeblich vergessenes Handy hinwies, und ich ihr das dann einfach schenkte. Die Inhalte haben es in sich: Von Fragen, wie, wo und unter welchem Risiko sich Geld ansparen lässt, bis hin zu den drei wesentlichen psychologischen Eigenschaften eines Menschen, die für die persönliche Eignung und den Weg, »sicher reich« zu werden, entscheidend sind: Geduld, Gier und Disziplin.

Spielerisch zum Ansparen

[8] Das Buch lehnt sich an das Design vom ersten iPhone an. Mein erstes Büchlein erhalten Sie auf Wunsch kostenlos unter folgender E-Mailadresse: info@shp-ag.de

Mein erstes Buch ist im Design des IPhones gehalten, um (auch) junge Leute anzusprechen.

1. Geduld

Psychologie des
Menschen

Sie sind ein geduldiger Mensch? Dann kommen Sie gern zu uns in die Beratung.

Geduldig stehen Sie bei Rot an der Ampel, das überfüllte Wartezimmer beim Arzt stört Sie nicht, Sie bleiben gelassen, obwohl Sie im Restaurant später bedient werden als der Nachbartisch, Sie aber früher da waren, und am Autozug nach Sylt belächeln Sie den bekannten Stau nur.

Merksatz 9   **Es ist wie beim Fitnesstraining:**
                   Erfolg geht mit Disziplin und Geduld einher.

Oder wie beim Tennisspiel: Geduldig spielen Sie den Ball mehrfach zurück, bis Sie im richtigen Moment Ihren Matchball platzieren.

Stellen Sie sich nun folgendes Szenario vor: Sie kaufen einen Aktienfonds, der Kurs stürzt ab, die Medien schreiben von der globalen Katastrophe. Der Kurs fällt weiter. Eigentlich wäre das alles völlig unwichtig, denn Sie haben erst vor einem Jahr gekauft und wollten fünf Jahre warten. Beginnen Sie zu zweifeln? »Das wird nichts mehr«, sagen Sie zu sich selbst, »ich verkaufe lieber jetzt, bevor alles weg ist.«

Merksatz 10   **»Alles ist futsch« gibt es bei guten Aktienfonds nicht.**

Am nächsten Tag steigen die Aktien jedoch wieder und in der Folgezeit auf ein nie dagewesenes neues Allzeithoch an der Börse.

Wo war da Ihre Geduld?

2. Gier

Sie sind ein bescheidener Mensch? Dann kommen Sie gern zu uns in die Beratung.

Sie packen sich den Teller beim Frühstücksbuffet nicht zu voll. Während der Coronakrise kaufen Sie keine zig Pakete Toilettenpapier und gönnen Ihrem Kollegen gern die unerwartete Gehaltserhöhung und Ihrem Chef den neuen Porsche. Von Ihrem Aktienfonds erwarten Sie eine Rendite von nur sechs Prozent jährlich. Damit wären Sie völlig zufrieden, sagen Sie ihrem Berater.

> *Versuchung ist ein Parfum, das man so lange riecht,*
> *bis man die Flasche haben möchte.*
> Jean-Paul Belmondo

Stellen Sie sich nun folgendes Szenario vor: Der Aktienfonds steigt unerwartet rasant um 30 Prozent. Die Börse insgesamt boomt ohne Ende, die Medien ereifern sich, jeden Tag mehrmals über diese Hochkonjunktur zu berichten, und alle Freunde und Kollegen, die zu nie gekannten Börseninsidern wurden, belächeln Ihre Erwartung von sechs Prozent. Ihr Berater freut sich mit Ihnen über die 30 Prozent und verkauft, um den Gewinn zu sichern. Doch die Kurse steigen weiter und im Wiederanlagegespräch erwarten Sie von Ihrem neuen Aktienfonds auf einmal mehr als 30 Prozent. Warum? Was ist mit Ihnen geschehen? Vor Kurzem waren Sie doch noch mit sechs Prozent zufrieden.

Gier ist ein schlechter Berater! Geldanlage sollte kein Spiel, kein Zocken und keine Sucht sein, sondern eine langfristige, solide und konservative Anlage, nur dann wird sie richtig Spaß und Freude machen.

3. Disziplin

Sie sind ein disziplinierter Mensch und stehen zu dem, was Sie sich selbst und anderen versprochen haben? Dann kommen Sie gern zu uns in die Beratung.

An dieser Stelle frage ich gerne danach, wie lange jemand schon in einer festen Beziehung mit jemand anderem steht oder verheiratet ist. Als Antwort bin ich bin schon mit fünf Jahren zufrieden, denn derjenige wird wahrscheinlich auch fünf Jahre zu seinem Aktienfonds stehen, also durch dick und dünn gehen. Wer 20 Jahre verheiratet ist, gilt als Traumkunde, denn wer über 20 Jahre Ehe referiert, hat viel zu erzählen. Was da nicht alles Unvorhergesehenes passiert ist! Schlimmer als an der Börse.

Sie haben sich auf eine Anlagedauer von zehn Jahren eingelassen? Dann bleiben Sie dabei. Sie sind mit sechs Prozent zufrieden? Dann seien Sie es auch. Sie vertragen eine Schwankung von 30 Prozent? Dann tun Sie das bitte auch. Das nenne ich Disziplin!

Wir fordern Disziplin und schalten Ungeduld und Gier aus.

Mit der Unterschrift auf dem Fonds-Guard®-Vertrag wird gefordert, die unverzichtbare Disziplin für beide Parteien verbindlich einzuhalten und Gier und Ungeduld auszuschalten. Für beide Seiten heißt das aber auch, dass dem Berater die Hände für unnötige Transaktionen im Depot des Kunden gebunden sind und somit unsinnige Kosten für Umschichtungsmaßnahmen für den Kunden eingespart werden können.

Bereits ab 1995, weit vor allen anderen, haben wir zudem für die Dokumentation Gesprächsprotokolle angefertigt. Erst 2008 wurde die Dokumentationspflicht gesetzlich vorgeschrieben.

Man kann es nicht allen recht machen

Alle mühsamen Erläuterungen und Informationen wurden von da an neben den Kundenwünschen handschriftlich durch uns festgehalten und alle ausgehändigten Unterlagen, zum Beispiel die Pressemappe zu den unterschiedlichen Themen, im Protokoll aufgeführt. Genau das sollte fünf Jahre später unsere Rettung sein. Was war passiert?

Die Verbraucherzentrale Bremen, seinerzeit vertreten durch einen angeblichen Finanzexperten, griff uns für Aktienempfehlungen und die damit verbundenen Produktverkäufe massiv in der Presse an. Die Bankenwelt in Bremen kuschte vor diesem Berater, weil er die unkritischen Medien, besonders die Presse, auf seiner Seite hatte und alles unzensiert abdrucken konnte. Und der Presse wurde eben gern geglaubt.

Wir wurden massiv angegriffen.

Die Bankenwelt ging nicht dagegen an, weil ihr Ruf in den letzten Jahren schon mehrfach, leider zu Recht, gelitten hatte, und so machte er weiter. Dabei setzte der Vertreter sich selbst gern in Szene. Seine Art wirkte wie ein verzweifelter Versuch, sich irgendwie berühmt zu machen.

Gehören Alleswisser in den Verbraucherschutz? Wer weiß denn schon alles, und dann auch noch besser? Es braucht Visionäre, keine Erbsenzähler und Gebührenkiller.

> *Manche Hähne glauben, dass die Sonne ihretwegen aufgeht.*
> Theodor Fontane

Es braucht Qualität in der Beratung und Engagement, gute Berater, die auch gern Betreuer sein wollen. Verbraucherschützer sollten Vorbilder sein und nicht im negativen Sinn Besserwisser. Ich lerne täglich dazu, und das besonders in meinem Beruf seit über 40 Jahren. Ich bin mit dem lebenslangen Studium noch nicht am Ende. Lerne ich zu langsam?

Der besagte Vertreter der Bremer Verbraucherzentrale hatte sich im Wesentlichen auf die zu hohen Provisionen aller Finanzprodukte wie Zinsen, Gebühren oder Honorare eingeschossen und verteufelte alle Produkte, die sich im Nachhinein als angeblich schlecht erwiesen. Rückblickend ist ein Berater nichts wert. Hinterher lässt sich von Ereignissen berichten, die im Voraus keiner ahnen konnte. Solche Besserwisser sind ihr Geld nicht wert. Warum hat das nie jemand festgestellt? Warum wurde eine derartige Beratung auch noch aus Steuermitteln bezuschusst? Anleger wollen die Zukunft überstehen, und dafür brauchen sie eine gute Beratung und Beistand – so wie während der Coronakrise!

Wer haftet eigentlich bei der Bremer Verbraucherzentrale für falsche Informationen oder Ratschläge?

2019 stellte sie einen Insolvenzantrag wegen erheblicher finanzieller Schieflage und plante gleichzeitig, andere in Finanz- und Versicherungsfragen zu beraten. Wer sollte dazu Vertrauen haben?

Die Beratung lief weiter, geschützt durch öffentliche Gelder und Mitgliedsbeiträge.

Sicherheit mit Möglichkeit

Wir waren zum damaligen Zeitpunkt – und sind es auch heute noch – einer der größten Vermittler von sogenannten Fondspolicen auf Aktienbasis. Wenn man es richtig verstand, war es das genialste Produkt, das jemals für die Altersversorgung, Kapitalanlage oder Hypothekentilgung kreiert worden war, und bis heute hat sich daran nichts geändert!

Seit vielen Jahren gibt es Lebensversicherungen, bei denen Sie ein Mitspracherecht bei der Anlage Ihrer Beiträge haben. So können Sie zum Beispiel festlegen, dass Ihr Geld in Aktienfonds angelegt werden soll. Die Anlageform können Sie im Laufe der

Jahre beliebig verändern, also zum Beispiel auch festverzinsliche Fonds wählen. Um auch diese Form der Altersversorgung zu überwachen und zu fördern wurde 2006 analog zu Fonds-Guard® die passende und einmalige Überwachung von Fondspolicen entwickelt, Police-Guard®, die adäquate Sicherheit für Lebensversicherungen auf Aktienfondsbasis bietet. Wer keine solche Police besitzt und seine Aktien nicht überwachen lässt, verzichtet auf seine »Shiftrechte«, also auf jene Rechte, beispielsweise bei einem Crash von unsicheren Fonds in sichere zu wechseln. Das kann unter Umständen zu erheblichen Verlusten führen.

Sie erinnern sich noch an die Sicherheitsstufe 3 für Ansparungen im Aktienfonds? Langfristig ist die Anlage sicher!

Planungszeitraum: Jahrzehnte!

In der Altersversorgung wird generell langfristig geplant, oftmals über 30 Jahre. Das ist die sicherste Voraussetzung für eine effektive Rendite.

Jetzt kommt der Hammer: Sie sparen das steuerfrei an, das heißt, alle Zinsen, Dividenden und Kursgewinne gehören Ihnen ohne Abzüge. In der Fondspolice war das bis 2004 so und ist es heute teilweise auch noch. Diesen Satz dürfen Sie gern zweimal lesen, es ist der Traum aller Sparer. Stellen Sie sich nun eine Rendite von zehn oder mehr Prozent vor! 2009 schrieb ich dazu einen Artikel in der *Performance*, der bis heute unverändert gilt:

Police-Guard©

Die fondsgebundene Lebens- und Rentenversicherung ist das beste Produkt, das jemals auf dem deutschen Markt angeboten wurde. Jeder, der einen solchen Vertrag für seine Altersversorgung oder als Ansparung abgeschlossen hat, sollte sich freuen. Erst recht dann, wenn er dies noch vor dem Jahre 2005 getan und sich dadurch die komplette Steuerfreiheit für alle erwirtschafteten Gewinne gesichert hat.

In der fondsgebundenen Rentenversicherung wird üblicherweise monatlich in Aktienfonds angespart. Diese werden mal teuer eingekauft, wenn die Börse gerade ein Hoch hat. Sie werden aber auch mal günstig eingekauft, wenn die Börsenkurse niedrig sind. Das Interesse des Versicherungsnehmers besteht in der Ansparphase zunächst darin, zu möglichst niedrigen Kursen zu kaufen und somit viele Anteile aus dem ausgewählten Aktienfonds zu erwerben. Erst wenn es zur Auszahlung kommt, möchte er hohe Kurse an der Börse sehen, damit die Ablaufleistung entsprechend hoch ausfällt. Leider lassen sich die Börsenkurse nicht so steuern, wie es sich der einzelne Versicherungsnehmer wünscht.

Das Gejammer über schlechte Zwischenwerte in den Verträgen ist natürlich immer besonders groß, wenn die Börse crasht. Dann wird schnell der Vergleich aufgestellt, wie viele Beiträge bislang eingezahlt wurden und wie hoch der aktuelle Rückkaufswert ist. Nicht selten ergeben sich aus dieser Betrachtungsweise hohe Verluste.

Diese Verluste können vermieden werden. In fast allen in Deutschland angebotenen Policen ist die Möglichkeit verankert, dass der Versicherungsnehmer seine vom Kursverfall gefährdeten Aktienfonds in einen sicheren Renten-, Immobilien- oder Geldmarktfonds wechseln kann und auch wieder zurück. Hierbei spricht man von einem sogenannten Shift. Leider macht von dieser Möglichkeit in Deutschland kaum jemand Gebrauch. Die Gründe hierfür liegen auf der Hand:

- *Der Versicherungsnehmer versteht in der Regel zu wenig von der Börse.*
- *Der Versicherungsnehmer ist mit anderen Dingen beschäftigt und kann sich nicht täglich um seine Police kümmern.*
- *Der Versicherungsberater ist mit dieser Thematik ebenfalls oftmals überfordert.*

- *Der Aufwand, der mit einem Shift verbunden ist, ist unverhältnismäßig hoch und wird dem Versicherungsvermittler auch nicht bezahlt.*

Ein Shift in der fondsgebundenen Versicherung ist nicht nur notwendig, sondern zudem auch noch ausgesprochen lukrativ für den Policeninhaber. Notwendig ist er, weil es keinen Sinn macht, den in einer Hausse erreichten, hohen Rückkaufswert dem freien Fall der Börse zu überlassen. Lukrativ ist der Shift, weil dadurch bei einem Börsentief zurück in den Aktienfonds geshiftet werden kann und damit zusätzliche Anteile des Aktienfonds in die Police gebucht werden, für die der Versicherungsnehmer in der Regel nichts gezahlt hat.

Der Wert der Police wird somit nicht nur in einer Börsenkrise hochgehalten, sondern er wird bei einer Erholung der Börsen noch drastisch gesteigert, weil die neuen Anteile, die durch den Rückshift zusätzlich in die Police gekommen sind, zu einer Hebelwirkung führen. Die ursprünglich kalkulierte Ablaufleistung wird durch die Shifts drastisch erhöht.

Diese Shift-Vorgänge sind oftmals gebührenfrei und lösen auch keine Abgeltungssteuer-Zahlungen aus, egal wie oft ein solcher Shift innerhalb der Verträge vorgenommen wird. Schöner und lukrativer kann eine Altersversorgung nicht sein. Es muss nur die Beratung und auch die Arbeit, die mit den Shiftvorgängen zusammenhängt, getan werden.

Burghard Stöver, Geschäftsführer der Versicherungsmaklerfirma Stöver, Hermann & Partner GmbH, hat eigens für seine Kunden ein Software-Programm entwickeln lassen. Mit »Police-Guard« ist es ihm in den letzten Jahren gelungen, die Anteile der Fonds in den Policen seiner Kunden teilweise mehr als zu verdoppeln, indem zum richtigen Zeitpunkt geshiftet wurde. Die Entscheidung, wann geshiftet wird, wird individuell für jede Police mit dem Versicherungsnehmer abgestimmt. Dabei werden die Anlageziele sowie die Risikobereitschaft des Kunden berücksichtigt.

*Die qualifizierte Beratung erfolgt durch die Anlagespezialisten der
SHP Anlagemanagement AG. Anschließend braucht sich der Versicherungsnehmer um nichts mehr zu kümmern, die tägliche Kontrolle übernimmt das »Police-Guard«-Programm.*

*Burghard Stöver bestätigt natürlich, dass der damit betriebene
Beratungs- und Betreuungsaufwand immens hoch ist. Die
Performance-Verbesserung der Policen ist allerdings unschlagbar
und die damit verbundene Kundenzufriedenheit ein Garant für
eine hohe Kundenbindung und für eine ständige Weiterempf-
fehlung. Police-Guard muss sein, denn die aktuelle Rechtsprechung geht mehr und mehr dahin, dass Berater solcher
Produktreihen Kunden gerade in schwierigen Börsenzeiten mit
Informationen und Ratschlägen zur Seite stehen müssen. Police-
Guard schafft dieses durch eine tägliche, mit dem Kunden eng
abgestimmte Überwachung, und das ist nun mal von keinem
menschlichen Berater in dieser Welt leistbar.*

*Burghard Stöver wünscht sich für seine Kunden kräftige
Schwankungen an den Aktienbörsen, damit dadurch häufiger die
Chance für lukrative Shifts entsteht. Er wünscht sich von den Ver-
sicherungsunternehmen allerdings eine schnellere und korrektere
Abarbeitung der Shiftvorgänge, denn die Vergangenheit hat gezeigt,
dass die Versicherer oftmals sehr schlecht auf Shiftwünsche des
Kunden vorbereitet sind. Hier fehlt einfach das qualifizierte Personal.*

*Übrigens: Die einfachen Verträge mit nur einem Aktienfonds sind
oftmals besser und übersichtlicher als die mit aufwändig gesteuerten
Depots. Festzustellen bleibt auch, dass Garantieprodukte oftmals viel
zu teuer und damit schlecht in der Ablaufleistung sind.*

*Die SHP Anlagemanagement AG ist seit 2001 auf die Über-
wachung von Aktienfondsanlagen durch das Software-Programm
Fonds-Guard und von Fondsanlagen in Lebensversicherungen mit
dem Software-Programm Police-Guard spezialisiert. Für Makler
und Interessierte werden entsprechende Informationsseminare
angeboten.*

Das nenne ich Beratung für die Zukunft! Zusammengefasst die Highlights, die sich eventuell auch für Sie umsetzen lassen:

Beratung für die Zukunft!

1. Langfristige Ansparung in Fonds
2. Steuerfreie Auszahlung am Ende
3. Zwischenzeitliche Verfügung zu jedem Monatsanfang möglich, da aber bitte die Kosten hinterfragen!
4. Wechsel der Fondsanlage fast monatlich und kostenlos möglich! Kostet sonst schnell fünf Prozent des Guthabens!
5. Crash-Vorteile durch gezieltes Shiften mit Police-Guard® sind einzigartig in Deutschland.

Die Abschlusskosten dieser Fondspolicen entsprachen den Abschlusskosten konventioneller Lebensversicherungen, die damals bis zu sieben Prozent pro Jahr erwirtschafteten. Heute sind es bei Neuverträgen wie auf dem Sparbuch leider nur noch null Prozent, während die Fondspolicen teilweise weiterhin weit über zehn Prozent liefern. Die Coronakrise dürfte weitere 30 Prozent bringen!

Der damalige Vertreter der Bremer Verbraucherzentrale wetterte immer nur über die Kosten und Verluste eines Crashs. Er hatte nichts verstanden. Und das machten wir ihm in den darauffolgenden Prozessen klar. Trotzdem hat er großen Schaden angerichtet, denn er hielt viele Menschen durch seine Unterstellungen davon ab, überhaupt etwas für ihre Altersvorsorge zu tun.

Letztendlich gelang es ihm, vier unserer Kunden gegen uns aufzuhetzen und zum Schadensersatzprozess zu bewegen. Genüsslich saß er anfangs grinsend im Zuschauerraum und verfolgte die bekanntermaßen verbraucherfreundliche Rechtsprechung in Bremen. Ich schrieb schon, dass die Protokolle uns den Allerwertesten retteten.

Meine geliebten Kunden taten mir leid. Sie hatten eine perfekte Beratung erhalten, ein hervorragendes Produkt für die Altersversorgung sowie den Berater vor der Haustür, der sich für ihr Wohlergehen einsetzte. Dienst am Kunden in seiner besten Form.

Man vergisst vielleicht, wo man die Friedenspfeife vergraben hat.
Aber man vergisst niemals, wo das Beil liegt.
Mark Twain

Das bekannte Problem war allerdings, dass unsere Kunden von den Beratungsausführungen nichts mehr wussten und sie sich deshalb nicht mehr an die Aufklärungsgespräche erinnerten. Ich kann das verstehen, denn mir geht es manchmal ähnlich. Wenn ich vor meinem Kardiologen oder IT-Berater sitze, begreife ich deren Fachchinesisch auch nur zur Hälfte, und schon am nächsten Tag kann ich die Ausführungen nur noch bruchstückhaft oder gar nicht mehr wiedergeben. Aber das nehme ich für mich gern als gegeben hin, da es sich bei Ärzten und Beratern um Fachleute handelt, auf die ich mich verlasse und denen ich vertraue.

Natürlich nehme ich für unsere Beratung gern ein Lob entgegen. Mittels selbstentwickelter Vorlagen, die Sie aus diesem Buch bereits kennen, PowerPoint-Erläuterungen, Artikeln in der Fachpresse, meiner frühen, immer noch gültigen Presseartikel und umfangreicher Dokumentation waren unsere Kunden in der Lage, alles Besprochene jederzeit durchzulesen und sich in ihrer Abschlussentscheidung wiederzufinden. Das war auch für uns als Berater eine enorme Erleichterung, denn die sonst in so einer schwierigen Materie jährlichen Rückfragen blieben aus oder wir konnten auf das Protokoll verweisen. Alle waren zufrieden.

Ausbildung für Juristen

Die ersten beiden Prozesse vor dem Amtsgericht Bremen verliefen zäh, musste ich doch aus unerfahrenen Richtern erst einmal kleine Finanzexperten machen, sie also wie jeden Laien über das Einmaleins der Geldanlage aufklären. Ich informierte sie so, als ob ich sie als Kunden gewinnen wollte.[9]

Der Wiedererkennungswert unserer Beratung war bereits im dritten Prozess gegeben. Unsere sorgfältige Aufklärung und Arbeit am Kunden bestätigten sich. Besonders eindrucksvoll war es, als eine der aufgehetzten Kundinnen zuerst vehement bestritt, eine Presseaufklärung durch uns erhalten zu haben, dann aber aus ihrer Tasche just diese Pressemappe mit den Worten hervorzog: »Ich habe nur das erhalten!« Dem gegnerischen Anwalt sowie dem Vertreter der Bremer Verbraucherzentrale fiel zeitgleich die Kinnlade herunter.

Die Folgeprozesse wurden für mich fast zum Heimspiel. Die Richter grinsten, als ich den Verursacher dieser unnötigen Prozesse namentlich benannte. Er verließ den Gerichtssaal und ward nicht mehr gesehen.

Wir verloren keinen einzigen Prozess! Aus Kulanz unseren vier Kunden gegenüber stimmten wir mit einer Quote von 95 Prozent zu unseren Gunsten kleinen Vergleichen zu, obwohl ein Schaden zu 100 Prozent versichert und auch gar nicht entstanden war. Ich nahm diese Prozesse dennoch zum Anlass, unsere Beratungsleistung weiter zu verfeinern und zu verbessern. Sie waren daher aus heutiger Sicht für uns sogar ein Segen. Ich lerne gern täglich dazu.

Leider gingen uns diese vier Kunden verloren und andere waren verständlicherweise verunsichert. Durch die Optimierungsoffensive und die persönlichen Gespräche, die uns viel Kraft gekostet, aber auch viel Vertrauen eingebracht haben, konnten wir dennoch 5000 Klienten bei uns halten!

[9] Liebe Richter, ich entschuldige mich am Ende des Buches. Bitte haben Sie Geduld und lesen Sie weiter.

Es bestätigte sich unsere sorgfältige Aufklärung und Arbeit am Kunden.

Wir verloren keinen einzigen Prozess. Aber wir verloren vier von 5000 Kunden.

Auch wenn diese Zeilen wie eine Abrechnung mit den Verbraucherschützern klingen, sollen sie das nicht sein. Dabei ist ein durchaus nennenswerter Verlust entstanden, der auf der Seite unserer Kunden durch den Vertreter der Bremer Verbraucherzentrale angerichtet wurde und sich schwer beziffern lässt. Die vier Kunden jedenfalls kündigten ihre Verträge, als der Dax bei 5000 Punkten stand, obwohl sie noch 20 Jahre laufen sollten. In der drauffolgenden Zeit stieg der Dax auf über 14 000 Punkte, die Verluste für jeden dieser Kunden waren mindestens sechsstellig.

Er hatte sich aber nicht nur auf uns eingeschossen, sondern verteufelte auch die klassischen Lebensversicherungen mit damals sieben Prozent Zinsen, vor allem wegen der hohen Abschlusskosten. Viele Besitzer einer solchen Versicherung kündigten ihre Verträge, die heute noch steuerfrei laufen würden und sage und schreibe vier Prozent Garantiezins aufwiesen – und das bei einem heutigen Zinsniveau von null Prozent. Was für ein Verlust!

6

Angst frisst den Geldbeutel

Es gibt keine Grenzen.
Weder für Gedanken noch für Gefühle.
Es ist die Angst, die immer Grenzen setzt.
Ingmar Bergman

Ein bisschen Mut, ein bisschen Verstand

Ich mag die Verbraucherzentralen. Sie kümmern sich um dringende Themen wie Energie, VW, Ernährung, technische Geräte und vieles mehr. Bei Finanzprodukten aber bitte ich herzlich darum, nicht selbstherrlich aufzutreten, sondern gern eine sachliche Diskussion über Renditechancen anzunehmen. ETFs oder Garantieprodukte sind nun mal nicht erfolgreicher als gut gemanagte Aktienfonds, und Börseneinbrüche passierten schon immer und werden wiederkommen, sind sogar zur Marktbereinigung notwendig. Gleichzeitig bieten sie große Chancen für uns alle, besonders für die kleinen Sparer.

Immer nur auf Provisionen, Honorare, Gebühren oder Managergehälter zu schauen, ist der absolut falsche Ansatz. Von Top-Managern erwarte ich Top-Sicherheit und Top-Rendite. Das darf dann auch top bezahlt werden. Die Rendite nach Abzug aller Kosten ist das Einzige, was den Anleger interessieren sollte. Alles davor sollte ihm egal sein.

Merksatz 11	**Langfristig sind Ansparungen in einem gut gemanagten Aktienfonds, der in Blue Chips investiert, absolut sicher.**

Eine gewagte Aussage, weil ich damit die Angriffsflanke für Anwälte, Verbraucherschützer und Richter weit öffne. Warum wage ich sie trotzdem? Weil sie stimmt, bis auf folgende Ausnahmen:

Verluste können nur entstehen, wenn Sie sich falsch verhalten, Deutschland pleitegeht oder die Welt untergeht.

> **Verlust-Szenario 1**
> *Sie werden kurzfristig Verluste machen,*
> *wenn Sie Ihre Anteile wegen einer persönlichen Notlage*
> *bei Niedrigkursen verkaufen müssen.*

Geld für Notlagen gehört nicht in eine langfristige Anlage, sondern auf das Sparbuch. Merksatz 12

Sie haben also nur das Geld im Fonds, das Sie auf keinen Fall benötigen. So müssen Sie nicht ausgerechnet bei niedrigen Kursen verkaufen und können bequem auf bessere Zeiten warten, machen also keine Verluste!

So auch mein Tennisfreund Thomas: Er befolgte meinen Rat und kaufte verschiedene Aktienfonds. Kurz darauf kam der Crash und er meinte: »Jetzt habe ich jede Menge Geld verbrannt.« Er hatte aber gar nicht verkauft, keine Anteile verloren. Durch etwas Geduld war er nach einem Jahr sogar wieder im Plus – hatte also kein Geld verbrannt. Wir hatten weiterhin viel Spaß am gemeinsamen Tennisspiel. Schließlich möchte ich den Menschen, die mir vertrauen, noch nach Jahren in die Augen blicken können!

Verlust-Szenario 2
Sie könnten Ihr Geld verlieren, wenn alle Unternehmen, die im Fonds enthalten sind, zur gleichen Zeit pleitegehen.

Bei solch einem Szenario wäre Ihr Geld tatsächlich weg. Dass es dazu kommt, ist aber so gut wie unmöglich. Doch warum können Blue-Chip-Unternehmen nicht zeitgleich pleitegehen?

Dass eine weltweit tätige Firma untergeht, ist nahezu ausgeschlossen.

Zum einen haben sie mittlerweile weltumspannend ihre Produktions- und Absatzstätten. Fällt eine Produktionsstätte aus, übernehmen die anderen die Kontingente. Bricht zum anderen ein Absatzmarkt weg, wird der Absatz woanders generiert. Ein Totalausfall sowohl auf der Produktionsseite als auch auf der Absatzseite aller in einem Fonds enthaltenen Großunternehmen ist zudem absolut unwahrscheinlich. Außerdem kommt hinzu, dass sogenannte systemrelevante Unternehmen von unserem

Staat oder der EU in der Regel gerettet werden. Das war besonders in der Finanzkrise von 2008 zu erleben. Die Deutsche Bank und andere Großunternehmen beispielsweise sind systemrelevant, unsere Volkswirtschaft braucht sie, und deshalb wird der Staat alles tun, um sie mit unseren Steuergeldern zu stützen. So geschieht es auch in der Coronakrise, egal, was es kostet. Betrügerisch agierende Unternehmen wie Wirecard, obwohl im Dax gelistet, sind davon selbstverständlich ausgenommen. Ein Unternehmen wie VW hingegen beschäftigt tausende Mitarbeiter weltweit; es ist somit systemrelevant. Insofern sind alle Dax-Unternehmen systemrelevant. Dass dies darüber hinaus auch viele Mittelständler sein können, hat die Coronakrise deutlich gezeigt.

Jetzt kommt womöglich die einzige Ausnahme:

> **Verlust-Szenario 3**
> **Unser Staat geht pleite, dann ist nichts mehr mit Systemrelevanz.**

Was passiert in diesem unwahrscheinlichen Fall? Ich behaupte, dass selbst dann die meisten Unternehmen aus dem Dax überlebten – und Sie würden beispiellos reich! Deutschland ging zwar, wie bereits erwähnt, 1923 und 1948 pleite, aber viele Großunternehmen überstanden das trotzdem, waren am Wiederaufbau Deutschlands maßgeblich beteiligt und verdienten gnadenlos gut. Warum reißen sich wohl die Großen dieser Welt um den Wiederaufbau von Kriegsregionen? Dabei lässt sich gut Geld verdienen. Die zwei Weltkriege konnten Unternehmen wie Coca-Cola, Nestlé, Bosch und Allianz nichts anhaben. Und auch Produkte wie Maggi und Odol sowie Firmen wie Opel, BMW, Daimler-Benz und Beiersdorf überstanden diese extremen Krisenzeiten, und Aktienfondsbesitzer waren an deren Gewinnen wieder sicher beteiligt.

Deutschland ging schon zwei mal pleite. Großunternehmen überstehen Weltkriege.

> **Verlust-Szenario 4**
> *Alle Unternehmen gehen zeitgleich pleite.*
> *Was ist dann mit meinem Geld?*

Glauben Sie mir, dieses Szenario interessiert Sie dann nicht mehr. Denn dann haben Sie und ich ganz andere Sorgen. Sie werden mich oder meine Kollegen in solch einem Fall sicherlich nicht für meine Aussage, dass Ansparungen in Aktienfonds absolut sicher sind, verklagen.

Wenn wir uns darauf einigen, …
* dass langfristige Ansparungen in Aktienfonds sicher sind und hohe Renditen bringen,
* dass langfristig eher zehn Jahre und länger bedeutet, und
* dass eine Durchschnittsrendite von neun Prozent über einen Zeitraum von 60 Jahren eine sichere Rechnungsgrundlage bildet,

    … dann ergibt sich logischerweise der folgende Merksatz:

Alle Ansparungen über zehn Jahre und länger müssen
in Aktienfonds erfolgen.   **Merksatz 13**

Jede andere Anlageempfehlung wäre schädlich und nachteilig. Der Berater müsste womöglich den Schaden ersetzen.

Wer sein Geld über lange Zeiträume – ein schnell verfügbarer Notgroschen ausgenommen – auf dem Sparbuch lässt, wird im Vergleich zu einem Aktienfonds hohe Verluste einfahren. Was noch kein Anwalt oder Richter erkannt hat, wäre ein lukratives Geschäft, denn die Verluste sind gigantisch und dementsprechend auch die Gebühren. Also: Ran an den Speck, liebe Rechtsvertreter und Verbraucherschützer!

Sind wir aufgeklärt?

Wir leben in einem Land, das angstgetrieben und deshalb völlig unaufgeklärt ist – bis in die Spitze der Parlamente und der Regierung. Selbst die Grundrechenarten der Zinseszinsrechnung werden offensichtlich nicht beherrscht. Setzen, sechs! Zurück auf die Schulbank, kann ich da nur sagen.

Ich wünsche mir eine Pflichtausbildung in Finanzen in den Klassen vier bis zehn, gern angelehnt an dieses Buch. Viele Schüler sind neugierig genug und möchten gern schon in jungen Jahren Geld an der Börse verdienen. Ich habe Jugendliche und Schüler, selbstverständlich in Gegenwart der Eltern, beraten und überzeugt. Sie sparten einen Teil ihres Taschengeldes in Aktienfonds an und gewannen Einblick und Sicherheit im Umgang mit dem Anlagegeschäft. Nach wenigen Jahren waren sie motiviert und perfekt handelnd im Markt unterwegs und auf dem Weg, »sicher reich« zu werden. Einige unter ihnen hatten das Ziel, mit 50 Jahren in Rente gehen zu können, sofern sie dann keine Lust mehr auf ihre Arbeit haben. Ich bin mir sicher, dass mehrere unter ihnen dieses Ziel erreichen werden. Die Zeit ist auf ihrer Seite.

Ich bin für »Finanzen« als Schulfach.

Ich wünsche mir eine zertifizierte Abschlussprüfung in Finanzdingen, die jeder, ob Grundschüler oder Berater, locker schaffen kann. Wir reden dabei nicht über die Konstruktion von Raketen, sondern lediglich über Zinseszinsrechnung, sprich das kleine Einmaleins und ein paar psychologische Fragen zur Selbsterkenntnis. Dieses Buch darf gern die Grundlage dafür sein. Danach erhält jeder Teilnehmer ein Zertifikat und kann freie Anlageentscheidungen treffen – ohne Beraterhaftung.

7

Starten
statt warten

Man löst keine Probleme,
indem man sie auf Eis legt.
Winston Churchill

Jetzt geht's los!

Sie haben sich bereits entschieden und mit der Ansparung in
Aktienfonds begonnen? Sie freuen sich gerade über niedrigere
Kurse aufgrund der Coronakrise? Leider schon wieder vorbei!
Der DAX hat ein neues Allzeithoch erreicht. Schade!

Erinnern Sie sich trotzdem stets daran, dass nach einem Anlagezeitraum von 30 Jahren ...

- 100 Euro monatlich auf dem Sparbuch bei jährlich null
  Prozent Zinsen 36 000 Euro einbringen,
- 100 Euro monatlich mit einem Bausparvertrag bei jährlich 1,5 Prozent Zinsen rund 45 000 Euro erzielen,
- 100 Euro monatlich im Investa-Fonds nach 30 Jahren
  rund 105 000 Euro verzeichnen, und
- 100 Euro monatlich mit Fonds-Guard® rund 168 000
  Euro erwirtschaften.

Das können Sie leicht mit der App »sicher reich« nachrechnen.
Auf jeden Fall lässt sich nach 30 Jahren feststellen: Ihre Entscheidung für den Aktienfonds war absolut richtig!

Sind Sie vielleicht auch darauf hereingefallen? Jetzt kommt die Kür, eine wirklich faszinierende Paradedis-
ziplin! Zuerst die Frage: Würden Sie einen Sparvertrag über 30
Jahre abschließen, bei dem Ihnen 1,5 Prozent Zinsen jährlich
garantiert werden? Nein? Gute Entscheidung. Aber warum wird
das dann selbst von vermeintlich aufgeklärten Leuten immer
wieder gemacht? Haben Sie es womöglich auch getan, aber nicht
gemerkt? Sie glauben mir nicht, weil nicht sein kann, was nicht
sein darf? Dann passen Sie jetzt gut auf, denn ich muss in Ihrem
Kopf etwas umdrehen. Doch keine Angst: Sie sind schon so weit
in der Thematik vorgedrungen, dass Sie diese Kür sicher
schaffen.

Spaß an Grundbesitz

Sie wollen sich ein Haus oder eine Wohnung kaufen oder haben bereits gekauft? Sie sind auf eine Bank angewiesen und haben einen Kredit aufgenommen? Hm. Dann sind Sie genau derjenige, der reingefallen ist. Das ist nicht schön. Aber warum?

Achtung, umdenken! Ihr Kredit über 300 000 Euro hat einen Zinssatz von 1,5 Prozent, der über 30 Jahre festgeschrieben wurde. So weit, so gut. Niedrige Zinsen über einen solch langen Zeitraum sind doch fantastisch, denken Sie. Ich habe alles richtig gemacht, freuen Sie sich.

Zu Beginn zahlen Sie bei einem Zinssatz von 1,5 Prozent und einem Kreditvolumen von 300 000 Euro rund 4500 Euro Zinsen pro Jahr. Hinzu kommt die Tilgung von zwei Prozent pro Jahr auf die Kreditsumme, also 6000 Euro pro Jahr. Sie müssen schließlich den Kredit zurückzahlen. Soweit ist alles logisch. Die Gesamtbelastung für Ihren Kredit beträgt also 10 500 Euro pro Jahr.

Doch was passiert von Monat zu Monat, von Jahr zu Jahr? Die Kreditsumme reduziert sich um jenen Teilbetrag, den Sie jeden Monat tilgen. Dabei steigt die Tilgung jedes Jahr an, weil die Kreditsumme sich stets etwas reduziert. Die Summe, die Sie dann weniger an Zinsen zahlen, stecken Sie in die Finanzierung. Diese Verschiebung von Zinsen zugunsten der Tilgung nennt sich Annuität. Aber dieses Fachchinesisch braucht dieses Buch nicht. Ich zeige Ihnen die Rechnung beispielhaft am Tilgungsplan auf:

Darlehensberechnung für Annuitätendarlehen

Kreditbetrag: 300.000,00 €
Zinssatz: 1,5 %, Tilgungssatz: 2 %, Raten pro Jahr: 12
Ratenhöhe (= Zins + Tilgung): 875,00 €

Jahr	Raten	Zinsanteil	Tilgung	Restschuld
0				300.000,00
1	10.500,00	4.458,58	6.041,42	293.958,58
2	10.500,00	4.367,33	6.132,67	287.825,91
3	10.500,00	4.274,71	6.225,29	281.600,61
4	10.500,00	4.180,68	6.319,32	275.281,30
5	10.500,00	4.085,24	6.414,76	268.866,53
6	10.500,00	3.988,35	6.511,65	262.354,88
7	10.500,00	3.890,00	6.610,00	255.744,89
8	10.500,00	3.790,17	6.709,83	249.035,05
9	10.500,00	3.688,83	6.811,17	242.223,88
10	10.500,00	3.585,95	6.914,05	235.309,83
11	10.500,00	3.481,53	7.018,47	228.291,36
12	10.500,00	3.375,52	7.124,48	221.166,88
13	10.500,00	3.267,92	7.232,08	213.934,80
14	10.500,00	3.158,69	7.341,31	206.593,49
15	10.500,00	3.047,81	7.452,19	199.141,29
16	10.500,00	2.935,25	7.564,75	191.576,55
17	10.500,00	2.821,00	7.679,00	183.897,54
18	10.500,00	2.705,02	7.794,98	176.102,56
19	10.500,00	2.587,29	7.912,71	168.189,85
20	10.500,00	2.467,78	8.032,22	160.157,62
21	10.500,00	2.346,46	8.153,54	152.004,08
22	10.500,00	2.223,31	8.276,69	143.727,40
23	10.500,00	2.098,31	8.401,69	135.325,70
24	10.500,00	1.971,41	8.528,59	126.797,11
25	10.500,00	1.842,60	8.657,40	118.139,71
26	10.500,00	1.711,84	8.788,16	109.351,55
27	10.500,00	1.579,11	8.920,89	100.430,66
28	10.500,00	1.444,37	9.055,63	91.375,03
29	10.500,00	1.307,60	9.192,40	82.182,63
30	10.500,00	1.168,76	9.331,24	72.851,39
31	10.500,00	1.027,83	9.472,17	63.379,22
32	10.500,00	884,76	9.615,24	53.763,98
33	10.500,00	739,54	9.760,46	44.003,52
34	10.500,00	592,12	9.907,88	34.095,64
35	10.500,00	442,48	10.057,52	24.038,11
36	10.500,00	290,57	10.209,43	13.828,68
37	10.500,00	136,37	10.363,63	3.465,06

Nach rund 37 Jahren wären Sie schuldenfrei. Finden Sie das nicht auch irrsinnig lange? Und wissen Sie, woran das liegt?

Ihre Ansparung im Kreditvertrag, also die Tilgung, wird nur mit dem jeweiligen Kreditzins verzinst, bei unserem Beispiel mit 1,5 Prozent. Warum machen die Banken eine direkte Tilgung?

Die Wohnimmobilienkreditrichtlinie wurde in den letzten Jahren mehrfach geändert, mal im Sinne der Verbraucher, mal völlig gegen ihren Bedarf. Wesentlich dabei ist die Sorge der Banken, fehlerhaft zu beraten. Wenn es zum Beispiel darum geht, einen Kredit in der Rückzahlung exakt auf den Tag genau zu berechnen, ist das nur über eine festgelegte Tilgung im Kreditvertrag möglich. Die ersatzweise Ansparung eines Aktienfonds ist wegen der wechselnden Tageskurse nicht auf den Tag genau möglich – und darf deshalb nicht sein?

Was für ein Blödsinn! Da versteckt sich die Bank hinter hausinternen oder -externen Richtlinien, ohne die Sinnhaftigkeit auf Alternativen hin zu hinterfragen. Der Kunde bleibt somit länger an den Kreditvertrag und damit an die Bank gebunden als nötig und zahlt und zahlt und zahlt. Wo bleibt da der Verbraucherschutz?

Klar muss man vordenken und innovativ sein, aber darum geht es doch, wenn wir vorankommen wollen!

Bis vor wenigen Jahren war die Tilgungsaussetzung gegen die Abtretung eines adäquaten Fondssparvertrags generell möglich. Heute meistens nur noch bei guter Bonität.

Vor über 30 Jahren führte ich die schnelle Baufinanzierung, kurz »Baufi-Express« ein, die Tilgung über Aktienfonds oder Fondspolicen. Ich beschrieb, wie man eine schnellere Kredittilgung über Aktienfonds sicherstellt.

Eine kleine Anekdote zwischendurch: In einer Pizzeria in Oldenburg begeisterte mich eine junge Bedienung wegen ihrer freundlichen Ausstrahlung und ihrer perfekten Kundenansprache. Mich faszinieren immer perfekte Dienstleister, also musste ich ihr sagen, wie gut mir ihr Auftreten gefiel, und wollte wissen, ob sie das hauptberuflich machte. Sie meinte, das Kellnern sei nur ein Nebenjob und sie angehende Bänkerin, die kurz vor der Abschlussprüfung stünde. Im gleichen Zuge entschuldigte sie sich, denn heutzutage müsse man sich für die Arbeit bei einer Bank oft rechtfertigen. Ich hielt dagegen und versprach ihr, dass sie mit ihrer Art sicher eine tolle Karriere vor sich hätte.

Euphorisch teilte sie mit, sie plane gerade ein Eigenheim, finanziert mit einem besonderen Kredit auf Grundlage einer Fondstilgung. Man müsse ja blöd sein, wenn man etwas anderes wählen würde. Begeistert von ihrem Wissen und ihrer Einstellung bot ich ihr eine Position in der Baufinanzierungsabteilung bei SHP in Bremen an. Leider kamen wir nicht zusammen, denn ihr Arbeitsweg wäre zu weit gewesen. Ich habe ihre Adresse nicht, aber vielleicht liest sie dieses Buch und ruft mich an. SHP wartet auf Sie!

Den Vorteil einer Tilgung über Aktienfonds zeige ich Ihnen jetzt anhand eines Beispiels auf. Bitte nicht erschrecken! Und schon gar nicht ärgern, wenn Sie nicht ein ähnliches Ergebnis vorweisen können, weil ihr Banker das nicht wusste oder nicht in diese Richtung beraten durfte oder konnte oder dem Aktienfonds nicht traute oder, oder, oder.

Baufinanzierung clever gedacht und gemacht

Um 1990 herum vermittelte ich meine erste Baufinanzierung mit Tilgung über den Investa-Fonds der DWS, weil er sich einfach erklären ließ. Die Finanzierung vermittelte ich über die Deutsche Bank. Der Bankberater war zwar irritiert, aber bereit, meiner Argumentation zu folgen. Ich überzeugte ihn, doch er musste eine Ausnahmegenehmigung von der Zentrale in Frankfurt einholen. Er traute dem Fonds nicht. Ich fand das heiter, denn bei der DWS mit dem Investa handelte es sich um eine hundertprozentige Tochter der Deutschen Bank.

Die Genehmigung kam und mein Geschäft blühte, denn ich konnte meinen Kunden Hoffnung machen, deutlich früher schuldenfrei zu sein als erwartet. Damals lagen die Hypothekenzinsen noch bei sieben Prozent und der Investa bei einer Durchschnittsrendite von fast 15 Prozent. Das ist eine gewaltige Differenz von acht Prozent. Heute beträgt der Kreditzins ca. 1,5 Prozent, während der Investa bei einer Durchschnittsrendite von fast 8 Prozent liegt. Diese Differenz von über sechs Prozent sorgt für eine schnellere Entschuldung.

Wie stellt sich nun die Rechnung dar? Wir streichen die Tilgung im Kreditvertrag, zahlen dort nur noch die Zinsen in Höhe von 4500 Euro pro Jahr und sparen stattdessen die Tilgung von gleichbleibend 6000 Euro pro Jahr, monatlich also 500 Euro, mit einer angenommenen Verzinsung von sechs Prozent an. Das Ergebnis? Wow! Fast 490 000 Euro (siehe Abbildung auf Seite 95)! Das heißt: Sie wären bereits nach 24 Jahren schuldenfrei, also satte 13 Jahre früher als im oben durchgespielten »Normalfall«. Vom Wegfall Ihrer Belastung in Höhe von 10 500 Euro pro Jahr ließe sich ein schönes Leben machen.

Die Besparung hätten Sie natürlich in einem Aktienfonds vorgenommen, der im Beispiel von Investa sogar 530 000 Euro erzielt hätte – mithilfe von Fonds-Guard® sogar 840 000 Euro. Das haben Sie sicherlich schon selbst in der App überprüft ... In diesem optimalen Fall wären Sie bereits nach 20 Jahren entschuldet gewesen. Oder Sie hätten das Ganze bis zum 30. Jahr weiterlaufen lassen und dann den Kredit getilgt, und zwar folgendermaßen: 840 000 Euro abzüglich 300 000 Euro Kredit ergibt einen Überschuss von 540 000 Euro. Oder Sie hätten die Ansparung ewig weiterlaufen lassen – zur Freude Ihrer Erben! Dann hätten Sie sich einen ordentlichen Nachruf verdient:

Ein wirklich aufgeklärter Mensch hinterließ uns sein wertvollstes Buch, das wir uns aber selbst schon längst gekauft hatten. Er versetzte uns durch seine Weitsicht in die Lage, diese Beerdigung üppig und mit großer Freude zu arrangieren.

Man wird bei der Baufinanzierung wesentlich früher schuldenfrei, wenn man dafür einen Aktienfonds verwendet.

monatliche Einzahlung: 500,00 €
Anlagedauer: 30 Jahre
Wertsteigerung p.a.: 6 %

nach Jahren	Stand am Jahresende
1	6.193,26
2	12.758,12
3	19.716,88
4	27.093,15
5	34.912,01
6	43.199,99
7	51.985,25
8	61.297,63
9	71.168,76
10	81.632,15
11	92.723,34
12	104.480,00
13	116.942,07
14	130.151,85
15	144.154,23
16	158.996,75
17	174.729,82
18	191.406,87
19	209.084,55
20	227.822,88
21	247.685,52
22	268.739,92
23	291.057,58
24	314.714,29
25	339.790,42
26	366.371,11
27	394.546,64
28	424.412,70
29	456.070,72
30	489.628,23

Es ergeben sich zwei berechtigte Fragen:

1. Lässt sich ein Kreditvertrag mit einer Restlaufzeit von mindestens zehn Jahren auf Aktienfondstilgung umstellen?
2. Können und wollen die Verbraucherschützer durch Umschulung und Umdenken helfen?

Sie haben die Kür bestanden, ich bin stolz auf Sie!

Liebe Firmeninhaber, wenn Sie Ihre Firmenkredite direkt tilgen, werden Sie gleich doppelt bestraft:

1. Die Kredite laufen natürlich auch viel zu lange.
2. Der Zinsanteil fällt von Jahr zu Jahr, und damit steigt Ihre Steuerlast! Wie blöd!

Wenn Sie schon mal zehn Jahre lang einen Kreditvertrag anständig bedient haben, haben Sie gezeigt, dass Sie durchhalten können und zu Ihren Verpflichtungen stehen. Dann sind Sie der perfekte Kandidat für eine langfristige Tilgung bzw. Ansparung über Aktienfonds.   **Merksatz 14**

Das macht doch Lust auf eine weitere Möglichkeit, im Alter reich zu sein, oder? Wohlan!

Sie sind Arbeiter, Angestellter oder einfach ein Bürger, der zur Einzahlung in eine Altersversorgung wie die gesetzliche Rentenversicherung verpflichtet ist? Sie verdienen rund 2700 Euro brutto im Monat und zahlen somit jeden Monat mit Arbeitgeberanteil etwa 500 Euro in die gesetzliche Rentenversicherung ein? Sie zahlen das langfristig und halten das auch durch, weil es nicht anders geht? Gut. Damit bringen Sie alle Voraussetzungen für eine langfristige Anlage mit.

Sehen wir uns einmal an, was 500 Euro monatliches Engagement in einem Aktienfonds wie dem Investa über 40 Jahre ausmachen. Ich habe Ihnen eine Fondspolice simuliert, da diese die beste Anlage für diesen langen Zeitraum wäre. Das Ergebnis: viel zu viel, nämlich 1 500 000 Euro (siehe Tabelle Seite 98)! Warum reden wir noch über Altersarmut? Sie wären einfach nur reich! Und selbst wenn Sie für die 40 Jahre Überwachung Ihrer Anlage Gebühren einplanen müssten, so sollte das bei der Endsumme doch gleichgültig sein, oder?

Wer redet da noch von Altersarmut?

Wenn Sie – und damit meine ich jetzt insbesondere die jungen Leute, die noch Jahrzehnte vor sich haben – Glück haben, könnte bei uns tatsächlich ein Umdenken wie in Norwegen oder anderen Ländern stattfinden, und unser Staat führt eine Pflichtaltersversorgung auf Aktienbasis für alle Bürger ein.

Merksatz 15   **Eine Überwachung mit Fonds-Guard® wird dringend empfohlen.**

Ich möchte für die Vergangenheit niemanden angreifen, fordere aber endlich alle Entscheider bezüglich Altersvorsorge zum Umdenken auf. Denn sonst ist die angebliche Besorgnis über die weiter aufgehende Schere zwischen arm und reich nur die nächste inhaltsleere Politikerfloskel. Dann kommt schnell die Frage auf, ob die armen Leute überhaupt reich werden sollen oder man sie lieber in der finanziellen Abhängigkeit halten möchte. Eines steht jedenfalls fest: Mit Kleckereien können wir nichts ändern, nur mit Klotzen! Wenn dann schwerpunktmäßig Aktien deutscher Unternehmen gekauft werden, bleibt das Geld auch im eigenen Land und stärkt hiesige Unternehmen und die deutsche Wirtschaft. Schließlich sind wir stolz auf unsere Arbeit und arbeiten gern für unsere Firma.

Police-Guard® Simulation für 500,00 / 40Jahre

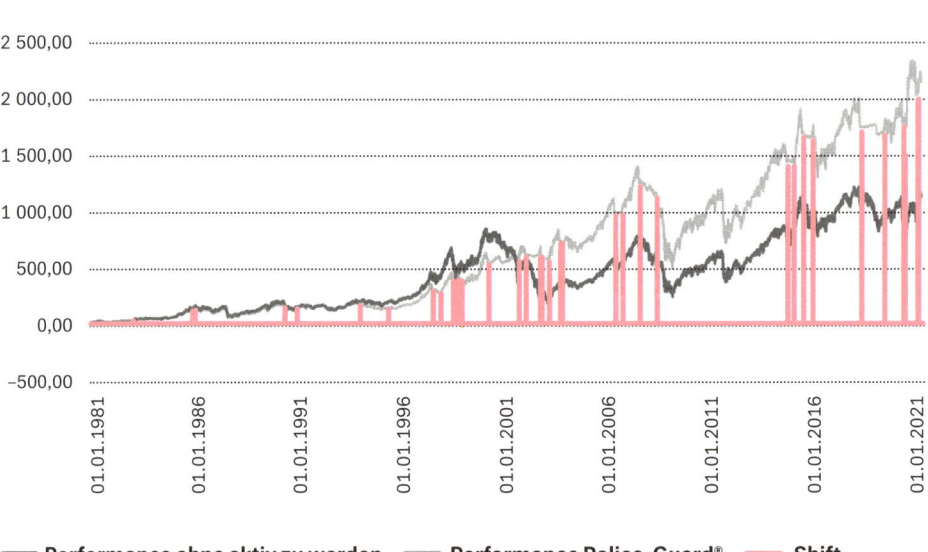

━━━ **Performance ohne aktiv zu werden**   ▬▬▬ **Performance Police-Guard®**   ━━ **Shift**

Sobald der überwachte Aktienfonds »Investa« seine normale Bandbreite nach unten verließ, also abstürzte, wurde er in den stabileren, aber nur niedrig verzinsten Fonds »Inter-Renta« getauscht. Das nennen wir shiften. Gut zu erkennen an den roten senkrechten Balken. Sobald der »Investa« begann, sich wieder zu erholen, wurde aus dem Inter-Renta in den Investa zurück geshiftet. Aus der Nutzung dieser Kursschwankungen ergibt sich der jeweilige Police-Guard, PG Vorteil.

Berechnet wurde:
Shifts werden zum Tagesende durchgeführt
Zeitraum: 28.02.1981 – 31.01.2021
Aktien-Fonds: DWS ESG Investa (847400)
Renten-Fonds: DWS Inter-Renta LD (847404)
Monatlicher Beitrag: 500,00 €

Ergebisse:

Eingezahltes Volumen	240.000,00 €
Ergebnis ohne Police-Guard®	1.061.520,25 €
Ergebnis mit Police-Guard®	1.943.218,49 €
Mehrerlös durch Police-Guard®	**881.698,25 €**

Es gibt Verbesserungspotenzial

Sicherlich darf von Vorständen mehr Transparenz und Ehrlichkeit erwartet werden. Mit Betrug bei den Abgaswerten oder Steuerbetrug bei Zinsmanipulationen ist den Arbeitern und Arbeitnehmern nicht geholfen. Ich greife die Vorstände, die dafür verantwortlich sind, deshalb gern an, denn die daraus entstehende Unsicherheit an den Aktienmärkten haben sie mitzuverantworten. Das muss verfolgt und in Zukunft bessergemacht werden. Nur so hat auch der kleine Mann wieder mehr Lust, Aktien, auf die er stolz sein soll, zu kaufen. Ganz in dem Sinne, wie es im Vermögensbildungsgesetz gewünscht war.

Ich finde es unmöglich, dass ausländische Fonds und Investoren stärker an deutschen Unternehmen beteiligt sind als die eigenen Landsleute. Arbeiten wir für das Wohlergehen der ausländischen Investoren? Das war mal anders und darf auch gern wieder so werden.

Überhaupt sollte sich unser Sicherheitsdenken bei Geldanlagen ändern.

| Merksatz 16 | Nicht das Sparbuch ist angeblich in jedem Fall sicher, sondern eher kann die Anlage im Aktienfonds sicher gestaltet werden. |

8

Es gibt ein Leben vor dem Tod

Wenn die Zeit kommt,
in der man könnte, ist die vorüber, in der man kann.
Marie von Ebner-Eschenbach

Angst als Geschäftsgrundlage?

Die Deutschen haben durch ihr oft übertriebenes Sicherheitsdenken viel verpasst. Alles im Leben sollte absolut sicher sein –
der Traum jedes Versicherungsberaters! Der Anlageberater hat
hingegen seine liebe Not mit dieser Sicherheitseinstellung. Lieber
verzichtet der Deutsche auf Zinsen, wenn er dafür sein Geld zu-
rückbekommt. Nach der Finanzkrise 2008 ist das Bedürfnis nach
Sicherheit nochmals gestiegen. Angst trieb die Entscheider dazu,
sogenannte Garantieprodukte zu entwickeln: Sie bekommen ihr
Geld zurück, egal was passiert. Ich frage mich: Wozu soll das gut
sein? Eine überflüssigere Garantie kann es doch gar nicht geben.
Dann lass ich mein Geld doch gleich unterm Kopfkissen.

Die Garantien gingen mit hohen Kosten einher: Die anver-
trauten Gelder wurden festverzinslich angelegt, aber die Zinsen
fielen weiter. Der Anteil, der in Aktien angelegt wurde, war äußerst
gering. Die Kurse stiegen zwar auf ein neues Allzeithoch, doch die
Anleger bekamen nichts davon ab. Dafür hatten sie ihre Garantie.

In vielen Medien und auch von uns wurde schon vor Jahren
gewarnt, dass man sich nicht unter dem Deckmantel der
Sicherheit mit Minimalrenditen abspeisen lassen sollte.

Die Finanzkrise zerstörte das Vertrauen in aktienbasierte Geldanlagen.

Gegen den vorherrschenden Trend blieben wir unserer
Linie treu und berieten weiter aufwendig die Fondspolicen.
Der Beratungsaufwand war viermal so hoch wie bisher und die
Abschlussentscheidung oftmals schwer zu erreichen, weil die
Angst aus der Finanzkrise unüberwindbar schien. Garantieprodukte brachten dieselbe Provision wie Fondsprodukte, und
der Kunde war damit glücklich. Deshalb blieben viele Berater
auf dieser leichten Verkaufsschiene, hatten glückliche Kunden
und verdienten schnelles Geld. Außerdem hafteten sie nicht
für etwaige Schäden.

Wenn der Sparer heute aber erfährt, was ihm entgangen ist,
sollte er den Berater auf die verpassten Chancen ansprechen und
seine Ansparung schleunigst umstellen. Vielleicht besteht sogar

ein Anspruch auf Schadensersatz. Schließlich wurde ihm das Fondsprodukt womöglich vorenthalten. Was hat das mit einer allumfassenden Beratung zu tun?

Eine Finanzberatung, die sich umfassend nennen will, muss immer auf Fondsprodukte hinweisen.

Altersvorsorge – hier ist mehr drin

Der Sicherheit geschuldet und um weitere neu entstandene Lücken der gesetzlichen Rente zu schließen, wurden vom Staat verschiedene geförderte Altersversorgungen eingeführt. Die Riester- und die Rüruprente wurden nach zwei berühmten Politikern benannt, welche maßgeblich an der Entwicklung beteiligt waren und bestimmt in guter Absicht handelten. Leider gibt es auch teilweise hier staatlich festgelegte Garantien, die uneingeschränkten Zugang zum Aktienmarkt verwehren. Was das für Ihre Rendite bedeutet, wissen sie ja inzwischen. Auch das Betriebsrentenstärkungsgesetz, welches die betriebliche Altersvorsorge reformieren sollte, hat nichts bewirkt. Fast alle Verträge dieser Art sind noch immer mit renditeschädlichen Garantien hinterlegt. Und das, obwohl mit der langfristig vereinbarten Vertragslaufzeit die perfekte Grundlage für Aktienfonds vorhanden war. Es ist kein Wunder, dass diese Verträge oft mäßige bis geradezu schlechte Wertentwicklungen haben.

Hier muss von Seiten der Politik schnell etwas passieren. Mit dem Zugang zum Aktienmarkt wäre viel gewonnen. Also weg mit den Garantien und den damit verbundenen Kosten!

Die Banken, Versicherungen und deren Berater hatten es sich zu einfach gemacht. Es ist nicht auszuschließen, dass das unwissentlich passierte, denn oftmals waren die Beteiligten selbst nicht aufgeklärt. Aber was sind das für Fachleute? Wo können Sie als Sparer noch hingehen und auf allumfassende Beratung setzen, selbst wenn Sie bereit wären, die Beratung vernünftig zu bezahlen?

Ich vergleiche das gern mit der Frage nach dem richtigen Zahnarzt, Internisten, Steuerberater oder Anwalt. Darf ich diesen eigentlich die Frage nach den Abschlusszeugnissen stellen oder setze ich einfach auf Alter und Erfahrung? Wie erkenne ich den engagierten Dienstleister? Da ist es bei der Auswahl des Biobauern vielleicht etwas einfacher, oder?

Ich bin dankbar, einen guten Steuerberater gefunden zu haben. Alexander, wir brauchen dich! Einen Steuerberater, der das Steuerrecht beherrscht, korrekte Steuererklärungen erstellt und einen unnötigen Streit mit dem Finanzamt vermeidet. Ich schätze ihn, weil er sich auf seinen Job beschränkt und sich nicht als allwissender Guru zu Finanzfragen oder Immobilienanlagen äußert. Davon hat er im besten Falle nur oberflächlich Ahnung. Denn hier ist Tiefenwissen gefragt, und das kann sich ein Steuerberater nicht nebenbei aneignen. Ein guter Rechtsanwalt wird sich auch spezialisieren, zum Beispiel auf das Baurecht, und beherrscht dann seinen Bereich. Bei Fragen zum Arbeitsrecht reicht er seinen Mandanten an einen Kollegen weiter. So sollte es sein.

Spezialisten, die sich auf allen Gebieten auskennen wollen, machen mich skeptisch.

Schaden durch Pseudo-Experten

Ich erinnere mich an ein aberwitziges Erlebnis: Ich beriet seit Jahren eine Psychologin, die mir von einem langjährigen Kunden, ebenfalls ein Psychologe, empfohlen wurde. Ich gab mein Bestes. Alles lief perfekt. Die Vermögenswerte stiegen üppig, teilweise um mehr als zehn Prozent pro Jahr. Leider musste ich in den alljährlichen Gesprächen immer wieder feststellen, dass meine Kundin kaum in der Lage war, die positive Entwicklung zu verstehen. Sie war eben keine Geldfrau und schob das Thema immer wieder gern weit von sich.

Irgendwann bat sie ihren Kollegen, der sie an mich weiterempfohlen hatte, um Rat. Aufgrund von persönlichen Problemen hatte sich dieser bereits vor Jahren von seinem Sparplan verabschiedet, ausgerechnet zu einer Zeit, in der die Kurse schlecht standen. Er hatte alle besprochenen Sicherheitsstufen ignoriert und einfach gekündigt. Natürlich war nun der Berater am schlechten Ergebnis schuld, obwohl seine Scheidung und der damit verbundene Geldbedarf der Auslöser gewesen war.

Im gemeinsamen Gespräch spielte er sich völlig unerwartet als Finanzexperte auf, obwohl er wirklich keine Ahnung von der Anlageentwicklung meiner Kundin hatte. Er besaß das Vertrauen dieser Dame, woraufhin sie alles kündigte. Sie hatte Glück, denn die Kurse standen gut. Ich verlor eine liebenswürdige Kundin aber nur deshalb, weil ein Psychologe nicht bei seiner Berufung bleiben konnte. Hoffentlich macht er wenigstens seinen eigenen Job gut!

Suchen Sie sich Ihren Berater sorgfältig aus. Welche Referenzen hat er, wie erfahren ist er, wie engagiert wirkt er, wie wichtig sind Sie ihm? Auch hier gilt: Lieber etwas mehr zahlen, dafür aber eine perfekte Beratung bekommen. Und dann halten Sie ihn fest! Nehmen Sie ihm das Versprechen ab, dass er immer für Sie da ist. Übrigens: Ein guter Berater stellt zwar gefühlt hohe Rechnungen, bringt sich aber immer ins Verdienen und arbeitet somit kostenlos für Sie!

Mit 23 Jahren gab ich einem meiner ersten Kunden auf Nachfrage, ob ich denn immer für ihn da sein würde, ein leichtfertiges, aber gewolltes Ja. Ich wollte bei ihm und meinen Kunden bleiben. Ich wollte seine Lebensentwicklung sehen und alle finanziellen Entscheidungen mittragen. Ansparung, Versicherungen, Baufinanzierung, Kindervorsorge, Altersrente und vieles mehr durfte ich begleiten. Spannende Lebensentwicklungen, die ständig mit Geld, Sorgen, Ängsten und Freude zu tun hatten.

Ein guter Berater bringt sich immer ins Verdienen und kostet Sie unterm Strich – nichts!

Einer meiner Lieblingskunden

Einer meiner Kunden, Heiko heißt er, begann mit einer kleinen Ansparung. Gemeinsam mit seiner Frau kaufte er ein Haus und bekam zwei Kinder. Beruflich entwickelte er sich weiter, und erhielt eines Tages die Chance, Anteile des Unternehmens seines

Arbeitgebers zu erwerben. Die damit verbundene Verschuldung machte der jungen Familie damals Angst. Meine Überzeugungskünste, die auf einer vernünftig durchkalkulierten Finanzierung und einem cleveren Optionsvertrag auf weitere Firmenanteile beruhten, führten letztlich zu der Beteiligung. 25 Jahre später ist diese IT-Firma zu Weltniveau aufgestiegen und der Verkauf wurde gerade sehr erfolgreich abgewickelt. Gut gemacht, Heiko! Es war und ist für mich eine Riesenfreude, dieser Familie sowohl in guten als auch manchmal in nicht ganz so guten Zeiten beigestanden zu haben. Schließlich wollte ich mein Versprechen einhalten, immer für ihn da zu sein.

Mathematiklehrer sind eine wunderbare Herausforderung für mich.

Ich mag Lehrer, und besonders Hochschullehrer. Sie sind so unendlich dankbar, wenn ihnen schwierige Dinge mundgerecht serviert und erklärt werden. Müssen sie doch selbst jeden Tag den Schülern schweren Unterrichtsstoff vermitteln. Sie können den Job eines Beraters leicht nachvollziehen. Außerdem sollen sie zusätzlich Fremdsprachen, Deutsch, Musik oder Sport unterrichten, und das alles gut machen. Die Finanzmathematik übernehme ich dann für sie. Mathematiklehrer sind eine ganz besondere Herausforderung, vor allem jene, die die oberen Klassen oder Studenten unterrichten. Wenn ich dann mit dem Einmaleins komme, sind sie überfordert. Wenn ich ihnen locker im Kopf ausrechne, dass zwei Prozent Zinsen auf 240 000 Euro 400 Euro pro Monat oder sechs Prozent Zinsen auf 120 000 Euro eben 600 Euro pro Monat ergeben, dann staunen sie und versuchen, es nachzurechnen.

Im Einzelfall dauert das etwas länger, es kam auch schon die Frage auf: »Herr Stöver, Sie müssen denken, ich bin blöd, aber zwei Prozent auf 240 000 Euro sind doch 480 Euro pro Monat, nicht wahr?« Wir rechneten noch einmal gemeinsam, und dann klappte es. Das kommt davon, wenn man nur noch in der Differenzialrechnung oder höheren Mathematik unterwegs ist.

9

Geldanlage kann jeder?

Das Unglück ist, dass jeder denkt, der andere ist wie er,
und dabei übersieht, dass es auch anständige Menschen gibt.
Heinrich Zille

Die Auswahl des Beraters

Ich habe schon viel erlebt, der absolute Oberhammer aber war ein ausgesprochen unsympathischer Steuerberater, der nicht nur keine Manieren besaß, sondern fachlich eine Peinlichkeit war. Dieser Fachmann verteufelte die Fondspolice eines Kunden,

Nicht wenige Experten sehen ihre Daseinsberechtigung darin, einen relativ einfachen Sachverhalt unendlich zu komplizieren.
Pierre Elliot Trudeau

weil der Crash kommen würde. Er riet meinem Mandanten zur Kündigung und regte sich auf, dass in dem Fall auch noch die Erträge zu versteuern seien, weil der Vertrag noch keine zwölf Jahre alt war. In seinen Augen war ich ihm eine Erklärung schuldig. Dieser Fachmann war nicht in der Lage, das entsprechende Besteuerungsgesetz herauszusuchen und zu lesen. Das hatte ich tatsächlich noch nie erlebt. Er war auch nicht willens, meinen Ausführungen zur Börse, dem Wunsch nach einem Crash und den Erläuterungen zur Besteuerung zu folgen. Der Klient kündigte, die Börse stieg um weitere 20 Prozent, und drei Jahre später folgte der ersehnte Crash, leider durch Corona. Der Kunde, ein burn-out-geschädigter Lehrer, war seinem Steuerberater hilflos ausgeliefert. Er tat mir leid, aber sein Guru hatte ihn im Griff. Letztlich sucht sich jeder seine Vorbilder selbst aus.

Ich kann nur empfehlen: Halten Sie Abstand zu Leuten, die meinen, die ganze Welt beurteilen zu können, und jeden wissen lassen, wie unschlagbar gut sie darin seien! Jeder sollte seinen Job bestmöglich machen, und dann ist gut. Sie dürfen und sollten kritisch und neugierig bleiben, sich aber auf keinen Fall von Beratern abhängig machen.

Ich stelle große, aber erfüllbare Anforderungen an einen Berater im Finanzwesen. Dabei wird die Frage nach seiner Ausbildung meistens auf der Visitenkarte beantwortet, aber eben nur oberflächlich. Würde er Zeugnisse vorlegen? Wurden die Zensuren ehrlich erreicht? Denken Sie an die Plagiatsvorwürfe bei vielen Doktorarbeiten unserer Politiker. Wer von uns hat nicht auch schon mal in der Schule abgeschrieben oder geschummelt?

Zeugnisse werden womöglich nicht genug Aufschluss über die fachliche Kompetenz des Beraters geben. Hat er Berufserfahrung? Die Älteren sicherlich. Also: Je älter, desto besser? Aber vielleicht ist der Jüngere motivierter?

Beruf oder Berufung?

Was treibt den Berater an? Warum hat er sich gerade für diesen Job entschieden? Ist er Banker und suchte die Sicherheit, oder ist er Freiberufler und denkt unternehmerisch? Ist er vom Thema Geld fasziniert und liebt seinen Beruf? Ich persönlich brenne dafür, aber dazu später mehr.

Hinterfragen Sie die Motivation Ihres Beraters.

Auf jeden Fall bekommen Sie Klarheit, wenn Sie seine Authentizität hinterfragen: Hat er selbst ebenfalls den Aktienfonds abgeschlossen, den er Ihnen empfiehlt? Seit wann und wie ist dieser gelaufen? Würde er das auch belegen oder hat er etwas zu verbergen? Besitzt er selbst die Fondspolice, die er Ihnen empfiehlt, sowie die Anlageimmobilie, die er Ihnen gerade offeriert?

Ein Berater ist ungeeignet, jene Produkte zu empfehlen, die er nicht selbst am eigenen Leib und mit eigener Geldbörse getestet hat.

Merksatz 17

Ein guter Berater muss den zwischenzeitlichen Schmerz erlebt haben, den fallende Kurse auslösen oder ausbleibende Mietzahlungen verursachen können. Nur dann hat er auch den Weg aus der schmerzlichen Situation finden können und kann durch Aufklärung, Gespräche mit den Mietern oder entsprechende finanzielle Lösungen helfen. Kann Ihnen ein Verkäufer einen Rotwein empfehlen, der selbst nur Bier trinkt? Wer sollte einen Aktienfonds empfehlen können, der sein Geld auf dem Sparbuch bunkert? Wer sollte eine Anlageimmobilie beraten können, der selbst noch zur Miete wohnt? Wer sollte über Familienabsicherung beraten können, der kinderlos ist? Er wäre sicherlich auch nicht der geeignete Berater in Kindererziehungsfragen.

Kann man etwas von Dingen verstehen, die man nicht nachempfinden kann?

Welcher Scheidungsanwalt ist besser? Jener, der die Gesetze kennt, oder der, der selbst durch die eigene Scheidung hindurchmusste? Wer achtet auf die Schonung der Gefühle und regelt einvernehmlich die Finanzen? Wer stellt sicher, dass die geschiedenen Parteien, die sich einmal inniglich liebten, anschließend noch ein Glas Wein zusammen trinken können?

Auch unter den Beratern gibt es natürlich wie immer Ausnahmen, aber ich lasse das trotzdem so stehen.

Wenn Sie Ihren perfekten Berater gefunden haben, behandeln Sie ihn liebevoll und schenken Sie ihm die Beachtung, die er verdient, gern auch in Form einer Flasche Wein zu Weihnachten oder zum Geburtstag, oder knutschen Sie ihn einfach – nach Corona!

Warum erzähle ich Ihnen das? Ich habe viele Kollegen gesehen, die von Provisionen abhängig waren, oftmals ihr Monatsziel nicht erreichten und am Existenzminimum überleben mussten. Sie hatten auch Familie mit den entsprechenden Belastungen. Sie waren – gerade als Versicherungsvermittler – schlecht angesehen und mussten sich für angeblich zu hohe Provisionen rechtfertigen. Dabei brachten sie alle die perfekte Einstellung zum Job mit. Sie wollten ehrlich beraten und einfach nur helfen. Auf einen guten Abschluss mussten sie aber manches Mal lange hinarbeiten.

Ihr schlechtes Ansehen war durch eine Minderheit verursacht, eben jene Sorte Berater, die schnelles Geld mit falschen oder sogar betrügerischen Angeboten machen. Aber ist das nicht in jeder Branche so? Schwarze Schafe gibt es doch überall, auch bei Anwälten, Notaren, Steuerberatern und Ärzten.

Sie müssen Ihren Berater finden. Hinterfragen Sie ihn wie beschrieben, und dann passen Sie mit hoher Wahrscheinlichkeit zusammen. Dann leben Sie quasi zusammen. Sie teilen mit ihm Ihre Sorgen und Ängste, aber auch Wünsche und Träume. Intimer geht es kaum noch auf Beratungsebene. Und wenn der Berater sich für Sie richtig ins Zeug legt, scheinbar Unmögliches für Sie bei Banken und Versicherungen durchsetzt, sollten Sie ihn auch gut und gern dafür bezahlen. Dabei ist es völlig egal, ob Sie das über Provisionen oder Honorare tun. Hauptsache, Sie erhalten sich die Chance auf eine langjährige und vertrauensvolle Zusammenarbeit.

Ihr Berater wird zum Intimus.

Was gab es früher für vertrauensvolle Beziehungen zwischen Bankberater und Kunde! Der Filialleiter und seine Angestellten arbeiteten vor Ort und waren oft auch an Ort und Stelle, wenn es Wichtiges zu bereden gab. Dabei wurde selbstverständlich auch privat miteinander geplaudert. Was waren das für tolle Zeiten, als der Versicherungsvertreter, Herr Kaiser, für einen da war!

Verlustangst des Arbeitgebers

Wann hat sich das geändert? Und warum? Ein Grund ist darin zu suchen, dass der Berater mit der Zeit nicht mehr vom Arbeitgeber abhängig war. Durch seine enge Beziehung zu den Kunden drohte die Gefahr, dass er diese bei einem Arbeitgeberwechsel mitnahm, denn der Kunde hatte oft mehr Vertrauen zum Berater als zum Institut dahinter.

Die Beziehung zwischen Berater und Kunde hält manche Bank für gefährlich.

Folglich begann die Branche mit dem System der Rotation. Um nicht zu vertraut mit dem Kunden und damit unabhängig vom Arbeitgeber zu werden, erhielt der Berater ständig andere Kundenkreise. Keine gute Idee: Die Verbraucher litten unter dem ständigen Wechsel und der damit oberflächlichen Beratung, und der Berater verlor den Bezug zu »seinen« Anlegern.

Diese Phase und auch die damit verbundenen Enttäuschungen machte auch ich mit. Aber ich hatte meinen Klienten zugehört und wusste, was sie wollten. Ich zog daraus für mich die richtigen Schlüsse, verließ meinen Arbeitgeber und machte mich selbstständig. Somit konnte ich mein Versprechen, immer für den Kunden da zu sein, einhalten.

Der perfekte Berater hört Ihnen zu, er hat mindestens ein Ohr für Sie. Er macht sich Notizen, zieht sich dann zurück, stellt seine Überlegungen und Berechnungen an und kommt mit einem Konzept oder Lösungsvorschlag wieder auf Sie zu. Spontan richtige Vorschläge in der Welt der Finanzen und Versicherungen gibt es nicht mehr, die Zusammenhänge, aber auch die Angebote sind zu komplex geworden. Schnelle, voreilige Abschlüsse, die perfekt zu Ihrer Lebenssituation und -planung passen sollen, möchte ich Ihnen nicht anbieten.

Gehen Sie das Konzept aufmerksam mit dem Berater durch.

Wenn Ihr Berater das Konzept fertig hat, müssen Sie aufpassen, hochkonzentriert sein, denn Sie sollten den Berater respektieren und seine oftmals umfangreiche Arbeit würdigen. Das tun Sie nicht, indem Sie mit Ihren Gedanken woanders sind oder zwischendurch Ihr Handy bedienen. Außerdem wollen Sie doch verstehen, wo Sie anschließend Ihr Geld investieren.

Einsatzkraft

Übrigens: Wie viele Stunden war Ihr Berater eigentlich mit der Vorbereitung auf den Termin mit Ihnen beschäftigt? Ist er in Vorleistung gegangen? Haben Sie ihm ein Honorar zugesagt oder gehen Sie wie beim Versicherungsagenten oder Immobilienmakler davon aus, dass (Vor-)Leistung nichts kosten darf? Ist die Arbeit des Beraters in Ihren Augen nichts wert? Oder ist das alles eben so, weil ohnehin nur der Abschluss bezahlt wird? Welcher Arbeiter, Angestellte oder Beamte würde auf solch einer Basis arbeiten wollen? Was für ein Druck bedeutet das für den Abschlussvermittler? Eigentlich passt das nicht mehr so richtig in die heutige Welt, oder?

Ein Berater – ein guter Berater! – kommt nicht darum herum, seine Empfehlungen auch einmal gegen Ihre Einstellung abzugeben. Sie wollen endlich mit der Besparung des Aktienfonds beginnen, und Ihr Berater spricht vom Abschluss einer Berufsunfähigkeitsversicherung? Was soll das? Schon wieder eine Versicherung, schon wieder eine Provision für den Berater?

Der Aktienfonds macht bekanntlich nur Sinn, wenn er langfristig angelegt wird. Wenn aber Ihr Einkommen wegen Berufsunfähigkeit wegfällt und Sie plötzlich an Ihr Erspartes müssen, und das zum niedrigen Börsenkurs, könnten Sie hohe Verluste machen. Das wäre ungeschickt geplant. Also stellt Ihr Berater sicher, dass Sie über Ihre Berufsunfähigkeitsrente weiterhin ansparen können. Eine Berufs- oder Schulunfähigkeitsversicherung sollte so früh wie möglich abgeschlossen werden, gern schon durch Ihre Eltern bei Ihrer Geburt. So ist für Sie für den schlimmsten Fall zumindest finanziell vorgesorgt und die Frage, woher das Geld für eine lebenslange Rente kommen soll, ist vom Tisch.

Bezahlen Sie Ihren Berater gut. Geben Sie ihm viel, zumindest manchmal gefühlt sehr viel. Ich wundere mich immer über die Empörung bei den hohen Margen der Immobilienmakler. Aber schaut man einmal genau hin, was und wie lange die seriösen Makler, vor allem die Ein-Mann-Betriebe, an einem Verkauf arbeiten, wie viele Interessenten sie intensiv informieren und beraten müssen, bis der Richtige gefunden ist, dann relativiert sich der angeblich hohe Verdienst schnell.

Also: Geben Sie Ihrem Berater sein Geld. Er sollte es für seine gute Arbeit gern annehmen, auch wenn es manchmal viel erscheint. Das gleicht beim nächsten Mal das Wenige für ein langwährendes Geschäft wieder aus. Der Berater hat Ihnen gegenüber schließlich auch eine Pflicht. Er soll und muss immer für Sie da sein. Das bedeutet aber auch, dass er finanziell überleben und wie jeder Unternehmer Gewinne und Überschüsse erwirtschaften muss. Was wäre er denn für ein Finanzberater, wenn er selbst nicht auf einen grünen Zweig käme oder pleiteginge? So einen Berater würde wohl niemand engagieren. Ich gehe auch nicht zu einem Friseur mit wirren Haaren oder einem Zahnarzt mit fauligem Gebiss.

Das Geld ist schon erwirtschaftet

Der Kunde muss einen höheren Nutzen aus dem vermittelten Geschäft ziehen als der Berater.

Hinzu kommt, dass der Berater stets sicherstellen muss, dass jegliches Honorar für seinen Kunden mitverdient wird. Der Kunde sollte einen deutlich höheren Nutzen aus dem vermittelten Geschäft ziehen als der Berater. Dieser muss sich unterm Strich also selbst verdienen. Nur dann hat er das Vertrauen des Kunden »verdient« und bekommt obendrein noch sein Fläschchen Wein zu Weihnachten.

Liebe Verbraucherschützer! Euch sollte das auch wichtig sein. Versucht nicht ständig, alles gegen die Branche und damit gegen die Verbraucher zu regeln. Euer Mantra, dass gerade Beratungsleistung nichts kosten darf, dass Service umsonst zu sein hat, ist absolut kontraproduktiv. Ihr schafft haufenweise Berater ab. Ihr habt es mitzuverantworten, wenn Banken Personal entlassen müssen und ganze Berufszweige wie die Anlageberatung für kleine Leute abgeschafft werden. Ist das wirklich in eurem Sinne?

Und mal ganz ehrlich: Würden Sie als Verbraucherschützer einen Versicherungsvertrag auf Provision aufwendig beraten und vermitteln, wenn Sie die Provision zurückzahlen müssten, sobald Ihr Kunde einen zum Leben gehörenden Schicksalsschlag erleidet wie Arbeitslosigkeit, Scheidung, Berufsunfähigkeit, Pandemie oder Tod? Warum sind Notare in der Honorarabrechnung durch das Gerichts- und Notarkostengesetz (GNotKG) geschützt? Verdienen Notare bei einer Kaufvertragsbeurkundung nicht auch schnelles Geld? Doch hierbei handelt es sich um ein Gesetz. Sind das bessere Menschen als Versicherungsvertreter oder Banker? Ich meine nicht. In meinen

Augen besteht Handlungsbedarf für die Beraterbranche, und
das bitte eiligst!

Noch ein paar Worte zum guten Berater aus der Familie oder
dem Freundeskreis: Es ist naheliegend, dass Sie zunächst nachfragen, wie Ihre Angehörigen und Bekannten ihre Finanzen geregelt oder das Haus finanziert haben. Allerdings darf das für Sie
nur ein Informationsgespräch darstellen. Auf keinen Fall sollten
Sie das Gespräch ohne Rücksprache mit einem Fachmann zur
Grundlage weitreichender finanzieller Entscheidung nehmen.

Die sicherlich ...
  * über zehn Möglichkeiten, ein Haus zu finanzieren,
  * über 30 Varianten, die richtige Versicherung zu kreieren,
  * über 10 000 in Deutschland zugelassenen Angebote für
    einen Anlagefonds
  ... kann kein Freund oder Verwandter wirklich kennen
  und schon gar nicht seriös beraten.

Warum wird ein Arzt wohl kein Mitglied der Familie oder nur
ungern einen Freund operieren? Ich bin froh, dass ich kein
Mediziner bin. Wenn ich einen Beratungsfehler mache, ist der
Schaden rein finanzieller Natur und leicht zu beheben. Wenn der
Arzt einen Fehler macht, kann er tödlich sein. Was für eine Verantwortung! Eine gute Beratung muss wie eine Operation
emotionsfrei ablaufen.

Das Risiko der Falschberatung

Also, liebe Freunde und Verwandte: Lasst die Finger von einem
gut gemeinten Rat! Wenn der schiefgeht, habt ihr eine Freundschaft oder den Familienfrieden auf dem Gewissen. Ich schneide
schließlich auch nicht der Frau meines Freundes die Haare.

Bei Geld hört die Freundschaft bekanntlich auf.   Merksatz 18

Der Finanzberater muss besser sein als ein Anwalt. Er hat eine gewaltige Verantwortung. Er muss sich ins Zeug werfen, damit sich die Parteien gar nicht erst scheiden lassen oder sie hinterher zumindest noch vernünftig miteinander sprechen können. Wenn Sie das als Berater hinbekommen, ist das ein geniales Gefühl, glauben Sie mir. Sie sind Kaufmann, Psychologe, Pädagoge, Moderator, Mediator und Geschäftsmann in einer Person. Was für eine tolle Aufgabe!

Anwälte verdienen mit den Instanzen. So gesehen, haben sie kein Interesse an einer schnellen Einigung zwischen den Parteien. Ich musste Schriftsätze lesen und Gespräche anhören, die ich lieber nie vernommen hätte:

Ehefrau: »Ich wünsche mir, dass mich mein Mann mit den Kindern im Haus leben lässt.«

Anwalt: »Nach dem, was Sie für ihn in den letzten Jahren getan haben, ist das doch wohl selbstverständlich.«

Schriftsatz Anwalt: »Meine Mandantin erwartet, dass sie im Haus wohnen bleiben kann.«

Eigentlich war der Mann gar nicht dagegen gewesen, er wollte seine Kinder gut behütet im Haus wissen. Aber der kompromisslose, fordernde Ton des Schriftstücks löste eine Blockadehaltung in ihm aus: »So wird das nichts. In dem Ton lasse ich mir keine Befehle geben!«

Sprechen Sie bitte vor dem Anwalt zunächst mit Ihrem Finanzberater. Er weiß, dass Geld hilft, und das hat er mit Ihnen zusammen aufgebaut. Er regelt die Vermögensteilung oder macht zumindest versöhnliche Vorschläge dazu – der Anwalt darf das dann gern in einem einvernehmlichen Vertrag festhalten. Im Ergebnis sparen Sie nicht nur sehr viel Geld, sondern vermeiden einen Rosenkrieg, bei dem die Beteiligten, allen voran die Kinder, nur leiden können, und bereiten den Weg für ein sachliches weiteres Miteinander.

10

Dagobert hat's vorgemacht

Geld allein macht nicht glücklich.
Es gehören auch noch Aktien, Gold und Grundstücke dazu.
Danny Kaye

Warten Sie auf das große Los?

»Geld regiert die Welt«, ein altes Sprichwort, das sowohl positiv als auch negativ besetzt ist. Lassen Sie uns vom Positiven ausgehen: Wenn Sie Geld haben, bedeutet das, dass Sie in gewisser Weise unabhängig und frei sind. Sie haben keine finanziellen Sorgen, und die Frage, ob Ihre Frau noch ein Paar Schuhe mehr kauft, Sie sich eine mechanische Armbanduhr gönnen oder das Studium der Kinder bezahlt werden muss, bereitet Ihnen keine schlaflosen Nächte, sondern Freude. Sie müssen nicht, sondern dürfen das Studium bezahlen. Ihr Selbstwertgefühl ist ein anderes, als wenn Sie regelmäßig bei Ihrer Bank um Auszahlungen betteln müssen. Nicht selten macht Geld sexy, und wer will das nicht sein? Armut und Hartz-IV gelten hingegen als eher unsexy, oder?

Wer Geld hat, lebt besser und länger.

Wer Geld hat, lebt nachweislich besser und länger. Ausnahmen wie immer im »Tatort«. Wer Geld hat, kann sich die Wellnessmassage, die gute Ernährung und die perfekte Pflege im Alter leisten. Er hat die richtigen Berater und Betreuer an seiner Seite und steht nicht allein vor den Unwägbarkeiten des Lebens.

Also muss Geld her! Welche Lösung ist aussichtsreich? Die Rechnung vom Radiosender bezahlen lassen? Die Million bei Jauch oder Pilawa gewinnen? Oder lieber gleich den fetten Lottogewinn? Wie viele Menschen spielen eigentlich Lotto?[10] Sie auch? Jede Woche? Setzen Sie zehn Euro oder eher 25 Euro ein, also 100 Euro im Monat? Und das machen Sie schon seit 30 Jahren? Sie haben also schon insgesamt 36 000 Euro eingezahlt? Immerhin durften Sie sich schon einmal über fünf Richtige freuen und 15 000 Euro gewinnen? Wahnsinn. Sie Glückspilz.

Ein Anlagefonds wie der Investa hätte Ihnen in dieser Zeit ohne Fonds-Guard® über 100 000 Euro ausgezahlt.

Dieses Buch zeigt Ihnen den Weg, wie Sie sicher reich werden. Und je früher Sie handeln, desto eher ist Ihr Ziel erreicht. Geld ist kein Tabuthema. Wie denn auch: Jeden Tag wird fast stündlich darüber gesprochen: Ich muss noch einkaufen, die Miete über-

[10] Die Antwort: Über sieben Millionen Menschen spielen regelmäßig, 21 Millionen ab und zu.

weisen, der Kredit ist fällig, die Klassenfahrt steht an, ich brauche eine Gehaltssteigerung, die Gewerkschaften verhandeln, die Rente wird angehoben, der Haushalt hat eine Schwarze Null, die EU verteilt Milliarden, Griechenland muss gerettet werden, der Ölpreis steigt ... Es wird ständig über Geld gesprochen.

Wer will nicht so reich sein wie Dagobert Duck? Die Comicfigur in Entengestalt hatte ihr Ziel schon 1947 erreicht. Wie reich ist sie eigentlich?

Wer ist reich?

Jeder muss sein persönliches Reichsein selbst definieren. Jeder hat unterschiedliche Vorstellungen, kann aber auch mit den richtigen Entscheidungen sein realistisches Ziel vom Reichsein erreichen. Der Anfang ist am schwersten.

Einer meiner Kunden sagte in frühen Zeiten einmal zu mir: »Herr Stöver, buchen Sie den monatlichen Betrag von meinem Konto ab, dann sehe ich ihn nicht mehr, und dann geht das.« Er war nicht in der Lage, von seinem durchaus guten Gehalt eigenständig etwas zurückzulegen. Was auf dem Konto war, wurde ausgegeben.

Ohne Fleiß kein Preis, ohne Anfang der Besparung kein »Sicher reich«. **Merksatz 19**

Ist der Anfang denn wirklich so schwer? Der zehnjährige Schüler, der kein Einkommen hat, aber durch dieses Buch überzeugt wurde, geht zu seinen Eltern und Großeltern und leiht sich etwas Geld. Vielleicht bittet er sich sogar 50 Euro pro Monat aus. Ich bin ziemlich sicher, dass er mit der Verwendung für seine Altersversorgung auf offene Ohren stößt, vielleicht sogar den einen oder anderen aufmunternden Lacher bekommt. Mit Glück und durch Hartnäckigkeit erhält unser Schüler die 50 Euro monatlich nicht

nur von den Eltern, sondern auch noch von den Großeltern. Der
Beginn eines großen Vermögens ist gemacht. Und das, was die
Großeltern seit seiner Geburt schon angespart haben, wird
ebenfalls in das Startprogramm eingelegt. Wir lernen also: Eigentlich ist der Start zu einem beachtlichen Vermögen gar nicht
so schwer.

Geld steht auch für Macht und Einfluss. Die Mächtigen dieser
Welt zählen in der Regel nicht zu den armen Leuten, sondern sind
vermögend. Die großen Fondsgesellschaften verwalten mehrere
Tausend Milliarden Euro. Sie beteiligen sich an den großen
Unternehmen dieser Welt und bestimmen auf den Aktionärs-
treffen über die Zusammensetzung von Aufsichtsräten und Vorständen und damit über die Politik des Unternehmens, zum Beispiel über den Umweltschutz. Wenn sich jeder Schüler der
Fridays-for-Future-Bewegung zu seinen Großeltern begäbe und
mit dem Kauf von Aktien beginnen würde, wäre die Macht in gar
nicht so ferner Zeit bei ihnen angekommen! Das, liebe Schüler,
glaubt ihr nicht?

- 1000 Schüler à 50 Euro pro Monat = 600 000 Euro
  pro Jahr
- 100 000 Schüler à 50 Euro pro Monat = 60 000 000 Euro
  pro Jahr
Und das ergibt nach zehn Jahren im Aktienfonds?
Das rechne ich euch, liebe Kids, jetzt nicht vor!

Es gibt sicherlich einige, die Geld unglücklich macht. Lassen Sie
sich durch sie nicht verunsichern und verfolgen Sie erst einmal
Ihren Sparplan. Außerdem habe ich für diejenigen, die nicht zu
reich werden möchten, eine Empfehlung: Sie können mit Ihrem
Geld auch Gutes tun, indem Sie es für geeignete Zwecke spenden.
Noch sind die Armen dieser Welt in der Mehrheit, und das fühlt
sich nicht gerecht an.

11

Unsinn steht geschrieben

Journalisten sind Leute,
die ein Leben lang darüber nachdenken,
welchen Beruf sie eigentlich verfehlt haben.
Mark Twain

Vorurteile machen arm

Nun sind Sie aktiver Anleger geworden. Die Kurse fallen, und Sie freuen sich, weil Sie alles verstanden haben. Ihre Anteile vermehren sich stetig. Und doch quält Sie die Frage, ob die Kurse jemals wieder steigen werden. Ich garantiere es Ihnen, ohne Wenn und Aber. Wann sie steigen, weiß ich nicht, aber dass sie steigen werden, ist ausgemachte Sache.

Aktien sind Sachwerte wie Immobilien oder Autos. Warum werden Immobilien oder Autos immer teurer? Nun, sie müssen gebaut werden. Es braucht Materialien, und die werden immer teurer; es braucht Arbeiter, und deren Löhne steigen ständig; es braucht Baugrundstücke, und die werden rarer. Und dann gibt es die wachsende Bevölkerung, die nach mehr Wohnraum fragt. Wenn also alles immer teurer wird und die Bevölkerung und damit die Nachfrage steigt, müssen auch alle Sachwerte, Aktien eingeschlossen, steigen, weil die Unternehmen höhere Gewinne erzielen.

Zwischenzeitliche Preiseinbrüche wird es immer wieder geben, doch langfristig werden die Menschen mehr Wohlstand haben wollen – gerade in der Dritten Welt, in der Armutsbekämpfung höchste Priorität hat und riesiger Nachholbedarf besteht. Für die Wirtschaft ist ein stetes Wachstum vorprogrammiert. Der Geschäftsführer eines großen deutschen Logistikers sagte kürzlich noch zu mir: »Wir sind zu Wachstum verdonnert.« Daran dürfen Sie sich gern beteiligen, indem Sie Aktienfonds kaufen.

Interessant: Es gibt jede Menge selbst ernannter Fachleute, aber auch Freunde, Nachbarn und Sportkollegen, die schnell bei der Sache sind, wenn es darum geht zu behaupten, dass die Börsen einbrechen werden. Für diese Vermutung ernte ich schnell Zustimmung. Die Prognose steigender Kurse hingegen akzeptiert niemand, und ich muss stundenlang argumentieren, warum das der Fall sein wird. Und eins ist sicher: Der Ungeduldige gibt ab an den Geduldigen.

Warum sträuben sich 93 Prozent der Deutschen, das zu verstehen? Wer selbst keine Aktien besitzt, kann auch steigende Kurse nicht gut finden. Man findet immer nur das gut und richtig, was man selbst entschieden hat. Das ist ein fatales Verhängnis, denn so stehen wir uns bei wichtigen und guten Veränderungen wie eine unüberwindbare Wand selbst im Weg.

Wenn man die Sachen so macht oder entscheidet, wie man sie immer gemacht hat, das aber schon immer falsch entschieden hat, gibt es keinen Grund, es jetzt anders und mal richtig zu machen.

Reiß deine Wand der Vorurteile gegenüber Aktienkäufen ein.   **Merksatz 20**
Höre nicht auf Freunde oder Verwandte, es sei denn,
diese gehen sachlich mit dem Thema Geldanlage um und
haben dieses Buch gelesen.

Und ich lasse gleich einen weiteren Merksatz folgen:

Es gibt für dein Sparziel keinen Zeitpunkt in der Zukunft,   **Merksatz 21**
sondern einen Zeitraum.

Diesen Merksatz möchte ich im Folgenden für Sie aufschlüsseln. Er bedeutet, dass Sie Ihr Sparziel nicht zu einem bestimmten Zeitpunkt erreichen werden. Es wäre reiner Zufall, wenn die Kurse an der Börse gerade zu dem Zeitpunkt hochstehen, den Sie vor Jahren als Auszahlungszeitpunkt festgelegt haben. Sie werden Ihr Wunschergebnis erreichen – aber innerhalb eines ungewissen Zeitraumes in der Zukunft. Was steuern Sie an?

- Das Enkelkind soll mit 18 den Führerschein und das Auto bezahlen können?
- Das Enkelkind soll mit 20 das Studium bezahlt bekommen?

- In 25 Jahren wollen Sie mit Ihrem Hauskredit durch sein?
- Mit 67 Jahren wollen Sie in Rente gehen?

Ihnen fallen sicher Ihre ganz persönlichen Wünsche ein.

Was wäre, wenn?

Eine fiktive Reise durch Ihre Finanzen

Schauen wir gemeinsam zurück auf die letzten 50 Jahre. Mal angenommen, Sie begannen 1970 im Alter von 17 Jahren mit der Ansparung eines deutschen Aktienfonds mit Dax-Werten und verfolgten folgende Ziele:

1. In 18 Jahren, also 1988, wollten Sie Eigenkapital für Ihren Hauskauf haben. Besser wäre das Ergebnis bereits 1986 gewesen oder etwas später, 1991.
2. Mit 50 Jahren, also im Jahr 2003, wollten Sie sich eine Weltreise leisten. Besser wäre das Sparergebnis bereits 2000 gewesen oder erst 2008.
3. Mit 67, im Jahr 2020, wollen Sie in Rente gehen. Besser wäre das Ergebnis zwischen 2014 und 2020 vor der Coronakrise gewesen.

Die konkreten Zeiträume können Sie in der Kursgrafik zum Dax-Verlauf erkennen (siehe Grafik auf Seite 124/125). Es lassen sich viele Zeiträume aufzeigen, die nach Kurssteigerungen zuerst zu unerwartet erfreulichen Sparergebnissen führten und dann nach Kursverfall wieder einige Zeit der Erholung benötigten, um erneute Höchststände zu erklimmen.

Wer in der Zukunft lesen will,
muss in der Vergangenheit blättern.
André Malraux

Daxverlauf 1959 bis 2020

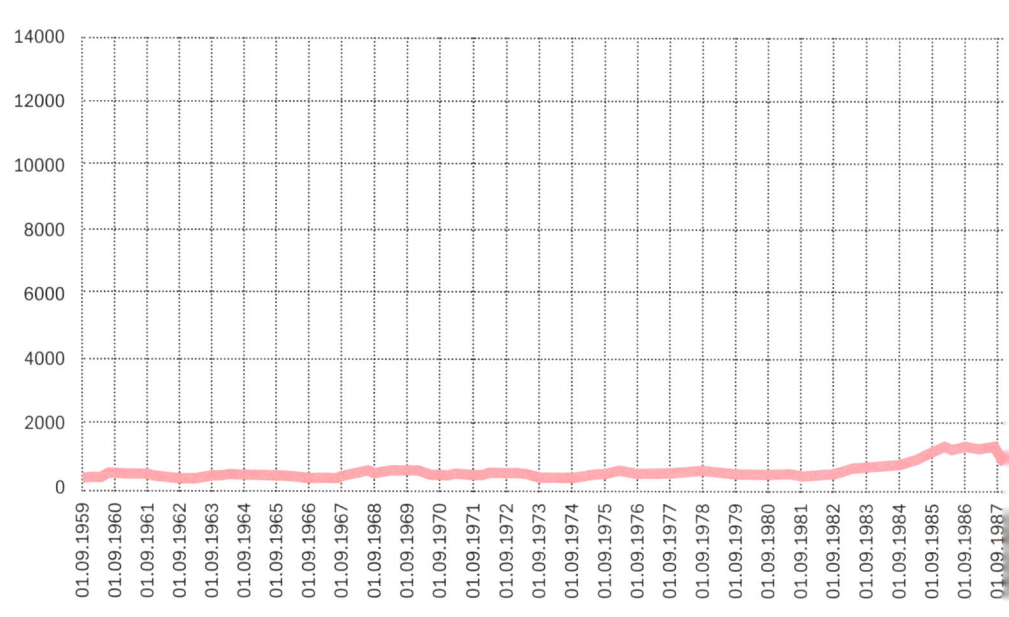

Auch wenn der Berater das für Sie im Blick behält: Es schadet nicht, wenn Sie erkennen, wann Sie Ihr Sparziel eventuell früher als geplant erreicht haben. Dann sind Sie in der Lage zu entscheiden, ob Sie die Ansparung gegebenenfalls stoppen und das Geld auf ein Sparbuch legen. Manchmal erreichen Sie Ihr Sparziel aber auch erst später, dann muss die Weltreise eben noch fünf Jahre warten. Geduld ist wieder einmal gefragt. Alles eigentlich ganz einfach, oder?

Was so alles in der Zeitung steht

Als ich am 26. November 2016 die Bremer Zeitung aufschlug, konnte ich es zunächst gar nicht fassen. Da stand doch tatsächlich der erste Artikel „Ansparen statt Abzahlen" zur Baufinanzierung mit Aktienfonds, sogar mit Beteiligung der Verbraucherzentrale Bremen.

Quelle: Wikipedia

**Schlecht
recherchierte
Artikel können
Sparwillige
vergraulen.**

Mein Herz schlug vor Freude höher, hoffte ich doch, endlich Unterstützung bei unserer seit über 20 Jahren praktizierten Hausfinanzierung zu bekommen. Doch leider: weit gefehlt. Der Artikel war nicht zu Ende gedacht, mit Fehlern gespickt und fasste alle Vorurteile, gegen die ich mich ständig wehre, zusammen. Deshalb knöpfe ich ihn mir besonders gerne vor und gehe nun im folgenden Abschnitt detailliert auf die einzelnen Falschaussagen des Artikels ein.

Falschaussage 1
Nach zehn Jahren werden die Fondsanteile verkauft, und das angesparte Vermögen wird zur Kredittilgung eingesetzt.

Das ist falsch! Sie wissen bereits, dass es keinen erfolgreich angepeilten Zeitpunkt in der Zukunft geben kann, sondern nur einen Zeitraum. Es wäre reiner Zufall, wenn von rund 2500 Börsenkursen in zehn Jahren genau der letzte Kurs am höchsten stehen sollte. Außerdem: Warum sollte nach zehn Jahren eine Teiltilgung vorgenommen werden, wenn doch feststeht, dass das Geld sich im Fonds höher verzinst, als wenn es zur Kreditreduzierung eingesetzt wird? Ich spreche deshalb vom »guten Geld im Fonds«, mit dem das schlechte, also niedrig verzinste Geld im Kredit auf keinen Fall abgelöst werden sollte. So gesehen ist die Ablösung des Kredites erst sinnvoll, wenn der Kreditzins deutlich über dem Durchschnittszins des Fonds liegt. Als Orientierung sollten Sie das bei sechs Prozent pro Jahr einmal überprüfen lassen. Lassen Sie den Kredit gern ewig laufen, sofern eine Bank oder die EU Ihnen folgen kann.

> **Falschaussage 2**
> *Der Zinssatz für tilgungsfreie Kredite liegt um 0,1 Prozent höher.*

Das ist so nicht richtig! Das muss nicht sein, sondern liegt im Verhandlungsgeschick des Vermittlers. Letztendlich ist das aber auch gleichgültig, weil der Fonds ein Vielfaches erwirtschaftet.

So viele unrichtige Aussagen in einem Artikel – eine vertane Chance!

> **Falschaussage 3**
> *Investieren Anleger diesen Betrag in ausgewogene Mischfonds, kann sich das lohnen.*

Das ist nicht optimal! Nein, Mischfonds sind keine reinen Aktienfonds und letztere erzielen erfahrungsgemäß langfristig eine höhere Rendite.

Falschaussage 4
Dieses Immobilienfinanzierungs-Modell hat durchaus Vorteile, ist aber nur für erfahrene Kapitalanleger geeignet.

Das ist nicht richtig! Was versteht der Autor dieser Zeilen unter einem erfahrenen Kapitalanleger? Meint er denjenigen, der jahrelang in Aktienfonds angelegt hat? Den Zocker, der täglich an der Börse spekuliert? Oder denjenigen, der mit Geduld und Disziplin sein Leben angeht? Letzteres ist wohl entscheidend, und das können Erstanleger häufig besser als alte Hasen. Außerdem brauchen Letztere dann keine Hilfe mehr bei ihrer Hausfinanzierung, sondern es sind vor allem jene mit schmalerem Budget auf diese Finanzierungsform angewiesen.

Falschaussage 5
Für den privaten Selbstnutzer kommt diese Finanzierungsform eher nicht in frage.

Hier hat jemand geschrieben, der nicht hinreichend informiert ist. Wem nützt so ein Artikel?

Das ist kompletter Blödsinn! Gerade für die privaten Selbstnutzer wurde »Baufinanzierungs-Express« entwickelt. Sie wollen und sollen schließlich früh schuldenfrei sein und sorglos in Rente gehen können!

Falschaussage 6
Die Fondslösung birgt die Gefahr von Verlusten, etwa bei einem stärkeren Einbruch des Aktienmarktes.

Das ist Quatsch! Sie wissen bereits, dass Sie nur sicher reich werden können, wenn es zum Einbruch kommt und Sie bei Tiefkursen viele Anteile erwerben. Also her mit dem Crash!

Falschaussage 7
Dieses Modell ist eher geeignet für Anleger mit genügend Kapitalspielraum und Risikobereitschaft.

Falsch gedacht! Wohnungs- und Hauskäufer brauchen keinen Kapitalspielraum. Sie gehen auf 30 Jahre eine festgelegte Kreditbelastung aus Zinsen und Ansparung ein. Nicht mehr und nicht weniger. Hinzu kommt, dass diese Menschen im Allgemeinen nicht risikobereit sind und es auch nicht sein wollen. Stattdessen sind sie bereit, 30 Jahre lang ihr Haus abzubezahlen und somit drei Jahrzehnte auf einen guten Kurs an der Börse zu warten. Bei insgesamt 7500 unterschiedlichen Fondskursen sollte wohl ein guter dabei sein, und das bitte erst ganz am Ende. Sie werden sich auch nicht verführen lassen, ihre Finanzierung während der Laufzeit auf eine andere Tilgungsform umzustellen. Denn dafür müsste der Hypothekenzins erst einmal auf über sechs Prozent steigen, und auch dann ist das noch nicht ausgemachte Sache. Wir wollen doch alle nicht zurück in die Sparbuchzeit, oder?

Im Jahr 2016 gab es längst Fonds-Guard® für Baufinanzierungen. Die App »sicher reich« war ebenfalls schon lange im Netz erhältlich. Den Presseartikel dazu haben die Redakteure der Bremer Zeitung offensichtlich nicht gelesen. Auch haben die Autoren keine Anfrage auf Erläuterung oder Schulung gestellt. Die Ausführungen im Zeitungsartikel zeigen allerdings, dass sich die Verfasser nur sehr oberflächlich mit diesem so wichtigen Thema beschäftigt haben. Der Artikel war leider keine Hilfe, sondern hat die breite Masse der Haus- und Wohnungskäufer nur noch mehr verunsichert. Solche Publikationen bewegen nichts, stattdessen behindern sie die finanzielle Aufklärung der Bürger.

Wer sich nun fragt, warum sich nicht um Richtigstellung bemüht wurde, dem sei gesagt, dass wir es versucht haben.

Vermutlich wurden unsere Kommentare nicht gelesen oder waren nicht medienwirksam genug. Für uns als kleines Unternehmen war Pressearbeit aufwendig und sehr teuer, für Verbraucherverbände sind sie eher ein Klacks. Vielleicht waren (und sind!) wir aber auch der Zeit weit voraus. Anders kann ich mir nicht erklären, dass wir als Einzige seit vielen Jahren alles in diesem Buch Beschriebene umsetzen, aber niemanden in Deutschland kennen, der ähnlich vorgegangen oder erfolgreich damit ist.

»Sicher reich« heißt nicht umsonst so. Es zeigt den sicheren Weg auf, wie jeder mit Geduld und Disziplin reich werden kann. Jeder – und nicht nur die Privilegierten.

12

Dann sind Sie hier falsch!

Wenn alle Spieler
auf eine angeblich todsichere Sache spekulieren,
geht es fast immer schief.
André Kostolany

Geduld ist eine schöne Tugend

Sie sind kein Zocker. Zocker wollen schnell viel Geld machen, um das dann noch weiter zu vermehren. Zocker sind oftmals Spieler und nicht selten süchtig. Sie kennen keine Disziplin, Geduld, Bescheidenheit, sondern nur Gier. Zocken habe ich nie gemocht und nie gemacht, und es wäre auch nichts für mich.

Mein Tennislehrer Ralf wurde ungewollt zum Zocker. Ich brauchte gefühlte fünf Jahre, um ihn von der Anlage in einen Aktienfonds zu überreden. Ja, überreden ist in diesem Fall das richtige Wort, denn bei einem Neueinsteiger gehört manchmal ein wenig leichte, aber nachdrückliche Ermunterung dazu. Trotz Information und Vertrauen mag man den Traum vom sicheren Reichtum nicht glauben. Dabei ist es kein Traum, sondern Realität!

Ralf kaufte bei seiner Bank für 5000 Euro einen von mir ausgesuchten Aktienfonds. Er sollte in fünf Jahren nachschauen, was daraus geworden war. Ein Jahr später trainierte ich wieder bei ihm. Er kam direkt auf mich zu: »Burghard, du glaubst ja gar nicht, was aus dem Fonds geworden ist.« Doch, ich wusste, was daraus geworden war. Ich hatte ja auch keine Bedenken, zu ihm in den Tenniskurs zu kommen. »25 Prozent in einem Jahr!«, rief Ralf freudestrahlend. »Und hier«, er zog sein Smartphone hervor, »guck mal, ich habe mir so eine App runtergeladen und verfolge täglich die Kurse!«

Ich freute mich über die gute Entwicklung des Fonds, aber mit meiner Antwort hatte Ralf wohl nicht gerechnet: »Ich will jetzt keine Wiederholung meiner Beratung vornehmen, aber nur so viel: Ich finde das völlig falsch! Hast du es schon vergessen? Langfristig abwarten! Darauf hatten wir uns geeinigt.«

Ich gab ihm noch den Rat, analog zu Fonds-Guard® einen Stoppkurs nach unten zu setzen. Fällt der Kurs des Fonds drastisch ab und gerät unter den Stoppkurs, würden seine Anteile komplett verkauft und die Gewinne bis dahin gesichert werden.

Am darauffolgenden Tag hatte ich wieder eine Trainingsstunde bei Ralf gebucht. Kaum war ich angekommen, teilte er mir mit, dass er den Fonds mit über 1000 Euro Gewinn verkauft hatte. Mir entglitten die Gesichtszüge. Warum hatte er das getan? Die Kurse stiegen doch munter weiter? Aus einer langfristigen Anlage war eine gezockte, täglich spekulativ überwachte Investition geworden. Und die war dann auch noch zum falschen Zeitpunkt verkauft worden.

Ob Ralf jemals den richtigen Einstieg in die Börse bekommt, wage ich zu bezweifeln. Für mich ist er nicht der geeignete Kunde. Eben ein Zocker. Nur wer seine Ungeduld erkennt, hat die Chance, sie in die **wertvollste Börsianer-Eigenschaft Geduld** zu verwandeln. Diese Erkenntnis ist ein riesiger Schritt, um sicher reich zu werden.

Übrigens: Zocker prahlen mit ihren Gewinnen. Von ihren Verlusten sprechen sie hingegen ungern.

Meine Anlageempfehlungen in diesem Buch sind streng konservativ und auf ein hohes Maß an Sicherheit ausgerichtet. So bin ich gestrickt, und so ticken auch 99 Prozent meiner Kunden. Sie sollten nur den folgenden Merksatz beherzigen:

Gier besiegen Sie erfolgreich mit Disziplin. **Merksatz 22**

Die Doppelstrategie

Und doch: Bei einer kleinen Zockerei wäre ich dabei, aber auch nur, weil sie zum garantierten Erfolg führt. Zocken bedeutet, dass auf fallende oder steigende Kurse an der Börse gesetzt wird. Doch wie gewinnen Sie, egal, was die Börse macht?

Ich nenne das die »Doppelstrategie«: Sie sparen monatlich an und hoffen dabei auf fallende Kurse. Wenn sie nicht fallen, ärgern Sie sich, weil sie weniger Anteile beim Kauf erhalten. Jetzt entscheiden Sie parallel, einmalig eine höhere Summe anzulegen. Nun hoffen Sie auf steigende Kurse. Wenn diese kommen, freuen Sie sich über die Wertsteigerung und verkaufen mit Gewinn. Fallen die Kurse, ärgern Sie sich kurzfristig, freuen sich aber über die zum günstigeren Kurs erworbenen Mehranteile im monatlichen Sparplan. Somit profitieren Sie immer an der Kursentwicklung, egal, ob die Kurse steigen oder fallen. Das nenne ich eine perfekte Entscheidung! Und da Sie bei beiden Anlagestrategien langfristig vorgehen, ist ein Verlust ohnehin ausgeschlossen, aber das ist Ihnen ja längst klar.

Blick in die Glaskugel

Kürzlich führte ich ein lustiges Telefonat. Ich sprach ja bereits über meinen tollen Steuerberater Alexander. Fit in seinem Job und ein Freund von Netzwerken aus Spezialisten. Die Coronakrise war Ende März 2020 voll im Gang. Der Dax stand bei rund 10 000 Punkten, nachdem er von über 13 000 zwischenzeitlich auf fast 8000 Zähler abgestürzt war. Sie erinnern sich? Meine Kunden haben jede Menge Champagner geöffnet.

Ich kenne niemanden, der die Börse exakt vorhersagen kann.

Alexander fragte mich: »Burghard, du als Experte: Was wird an den Börsen passieren?«

Ich kenne niemanden, der mir diese Frage beantworten kann, und nachdem ich Alexander das erklärt hatte, gab ich ihm zwei Prognosen: »Es spricht alles dafür, dass der Dax auf 5000 Punkte weiter abstürzen wird, denn die deutsche Wirtschaft leidet unter dem Stillstand, und der dürfte noch lange dauern. Es spricht aber auch viel dafür, dass der Dax auf 15 000 Punkte ansteigen wird, denn es ist eine Unmenge an Kapital unterwegs, und das will zurück in die Aktienmärkte. Also, lieber Alexander, such dir was aus!« Wir lachten beide. Im gleichen Atemzug sprach er davon, dass er seine Put-Option für Zalando genutzt hatte. Er ist also doch ein Zocker, und damit nicht mein Kunde. Er ruderte sofort zurück und gab zu, dass das gezockt sei, aber eben nur für 500 Euro. Für ihn war das ein Lernspiel. Alexander ist jung und ein idealer Anleger. Er will mir bald einen größeren Betrag für die langfristige Anlage in Aktienfonds geben. Ich freue mich darauf.

Wir Deutschen sind eigentlich die ideale Gesellschaft für langfristige Ansparung. Wir sind ein Volk der Sparer. Aber ist das klug? Milliarden liegen auf Sparkonten und werden nicht mehr verzinst. Die sparsamen Schwaben sind als Deutschlands Mustersparer bekannt. Leider hält sich hartnäckig der Irrglaube, dass das Geld auf dem Sparbuch sicher liegt. Denn das tut es nicht:

1. Die Geldentwertung (Inflation) sorgt dafür, dass der Wert des Geldes jedes Jahr fällt. Sie bekommen also weniger für Ihr Geld.
2. Noch sind Sie als privater Anleger über den Einlagensicherungsfonds bis zu 100 000 Euro gegen eine Bankenpleite geschützt.Gerade jetzt erleben wir womöglich mit der Greensill Bank in Bremen wieder eine Pleite.
3. Was passiert, wenn ein Staat pleitegeht? Auch das ist mehrfach passiert und droht täglich innerhalb der Europäischen Union. Übrigens, sogar Deutschland (und vormals Preußen) war schon mehrfach zahlungsunfähig, zuletzt in den Jahren 1923 und 1948.

Dann ist Ihr Geld weg. Aber was passiert mit Ihren Aktien? Den Unternehmen geht es womöglich schlecht, doch die meisten von ihnen werden auch nach einem Staatsbankrott weiter existieren. Sie verfügen über Gebäude, Maschinen und Absatzmärkte und können arbeiten. Als deren Aktienbesitzer sind Sie daran beteiligt und profitieren vom Wiederaufbau.

Vertrauen Sie besser großen Unternehmen als dem Sparbuch.

Aktien überdauern Kriege

Aktionäre, die den Zweiten Weltkrieg überstanden hatten, waren bald wieder verhältnismäßig wohlhabend, ebenso Grundstücksbesitzer oder Besitzer von nicht zerstörten Häusern, sprich von

Sachwerten. Geldbesitzer hatten hingegen nichts mehr oder nur noch einen Bruchteil ihres einstigen Barvermögens, je nach Entwertung der Währung. Also muss das Geld vom Sparbuch runter und richtig angelegt werden: in Aktienfonds.

Natürlich bleibt der Notgroschen auf dem Sparbuch, ein geschätzter Bedarf von fünf Jahren, je nach Sicherheitswunsch auch etwas mehr. Der Rest muss in ertragreiche und sichere Anlagen umgelenkt werden.

Die Menschen werden mit zinslosem Sparen oder sogar Negativzinsen enteignet.

Wir wissen alle, dass die Älteren häufig die Sparreserven halten. Sie haben den Krieg mitgemacht und wissen, was Angst und Not bedeuten. Ich kann nur ansatzweise ahnen, was es heißt, Hunger zu leiden. Gott sei Dank habe ich es nicht selbst am eigenen Körper erleben müssen. Und trotzdem kann ich es nicht mit ansehen, wie diese Generation weiter zinslos oder sogar mit Negativzinsen enteignet wird. Wir sind alle aufgefordert, diesen Unsinn aktiv zu beenden. Kinder wie Enkelkinder, aber auch Medien und sämtliche Berater müssen da umsichtig, aber mit Nachdruck ran.

Es kann auch nicht sein, dass die Älteren da mit einer Schnurzegal-Einstellung rangehen. »Ich lass mein Geld auf dem Sparbuch, Zinsen brauche ich eh nicht, und von Aktien verstehe ich nichts.« Diese Einstellung sorgt nur immer weiter dafür, dass andere sich die guten Beteiligungen an deutschen Unternehmen schnappen und dann womöglich die Politik zu unserer aller Schaden beeinflussen.

Aus vielen Gesprächen mit Älteren weiß ich, dass sie das Vermögen erhalten und weitervererben wollen. Und in diesem Fall sind die Kinder und Enkelkinder an der Reihe. Die langfristige Anlage in Aktienfonds würde der 90-Jährige vermutlich nicht mehr erleben. Die Vererbung findet vielleicht zu einem Zeitpunkt statt, an dem die Börsen gerade Tiefstkurse melden. Egal, denn Sie als Kinder waren in die Beratung eingebunden und brachten die Geduld auf die langfristige Erbschaft mit. Sie würden einfach die Anteile behalten und abwarten. Fertig.

13

Reich durch Kuscheln

Das Geheimnis des Glücks liegt nicht im Besitz,
sondern im Geben.
Wer andere glücklich macht, wird glücklich.
André Gide

Vererben macht schön

Wissen Sie, was Kuschelomas und Knutschopas sind? Meine Frau und ich lieben unsere Kinder, keine Frage. Wir erinnern uns gern an deren Babyalter, weniger an die pubertäre Fassungslosigkeit, die aufständische Ausbildungsphase, beruflichen Irrwege und interessanten Partnervorstellungen. Das Leben brachte Höhen und Tiefen mit sich, und so manches Ziel wurde auf Umwegen erreicht. Aber jetzt, aus der Ferne der Jahre betrachtet, erscheint vieles in milderem Licht.

Erst wenn man genau weiß, wie die Enkel ausgefallen sind,
kann man beurteilen, ob man seine Kinder gut erzogen hat.
Erich Maria Remarque

Enkelkinder sind einfach zum Kuscheln und Knutschen – wenn man sie mal zu Gesicht bekommt. Wir Omas und Opas nehmen die Freude der Babys und Kleinkinder an, lachen über die pubertären Kapriolen, staunen über berufliche Glücksmomente und akzeptieren dankbar die vorgestellten Verdoppelungen. Das alles ohne Stress und Verantwortung. Wir bekommen viel von ihnen, auch wenn wir sie selten oder gar nicht sehen. Sie wären ohne uns nicht auf dieser Welt, und wir wären ohne sie nicht so stolz auf uns. Wir haben vieles richtig gemacht und auch eine gute Portion Glück gehabt.

Sie haben keine Kinder oder Enkelkinder? Sie hätten aber gern welche? Ich helfe Ihnen, welche zu backen, wenn Sie dazu bereit sind. Wie Sie sich so richtig bei ihnen ankuscheln und einknutschen können, zeige ich Ihnen jetzt.

Mein Tennisfreund Edo, ein exzellenter Spieler und mehrfacher Opa, baut für seine Familie Häuser und sorgt so für sie. Voller Stolz erzählte er kürzlich vom Grundstückskauf seines Enkels, dem er mit einem Zuschuss helfen konnte. Es geht aber noch viel, viel besser.

Und jetzt, liebe Großeltern, kommt ein Leckerbissen: Schenken Sie Ihrem Enkelkind eine Immobilie! Das hört sich prima an, aber woher das Geld nehmen? Sie könnten ansparen, natürlich im Aktienfonds, und Ihrem Enkel das Geld zu gegebener Zeit schenken. Das ist nichts Neues, aber in diesem Fall müssten Sie viel Geld im Monat zurücklegen, um auf einige Hunderttausend Euro zu kommen.

Das geht also eher nicht. Falls doch, wäre es eine nette Ergänzung, mir aber schwebt Besseres vor. Sie sollen kein eigenes Geld für diese Schenkung einsetzen! Sie sollen ein Geschenk machen, das gar nichts kostet.

Das gibt es nicht? Das ist Blödsinn? Ich beweise es Ihnen!

Sie sind stolzer Hausbesitzer? Sie haben vor vielen Jahren eine Immobilie erworben? Ihre Kredite sind sogar schon abbezahlt? Sie sind stolz, weil Sie alles richtig gemacht haben? Ihre Immobilie hat sich im Wert mehr als verdoppelt, und Sie müssen nicht wie Ihre Freunde noch Miete zahlen? Eine monatliche Belastung gibt es nicht mehr für Sie oder sie läuft nur noch ein paar Jahre?

Der Hauskauf war also eine gute Entscheidung. Sie wäre noch besser gewesen, wenn Sie damals gleich zwei Häuser gekauft hätten, eines zum Selbstbewohnen und eines zur Vermietung. Ob Sie die Belastung damals nach Abzug der Miete und der Steuervorteile hätten tragen können, wissen wir an dieser Stelle nicht so genau. Wenn aber die Belastung null Euro betragen hätte und der Mieter nett und verlässlich gewesen wäre, dann hätten Sie das machen müssen. Heute hätten Sie die vermietete Immobilie verkaufen und vom Erlös in Saus und Braus leben können. Ihr eigenes Haus können Sie schließlich nicht verkaufen, denn wo sollten Sie dann wohnen?

Ein Geschenk, das nichts kostet? Und dann noch eine Immobilie?

Schenken ohne Geld

Kosten gegen
Erlöse: ein
Nullsummenspiel

Wenn Sie heute das Versäumte nachholen und die Immobilie nichts kosten würde, wäre das doch eine gute Investition, oder? Sie selbst haben altersbedingt nichts mehr davon, aber wir wollten ja auch eigentlich diese Immobilie eines Tages Ihrem Enkel schenken. Und hier kommt das Geschenk:

- 300 000 Euro für Kauf- und Nebenkosten, voll finanziert auf 20 Jahre fest mit zwei Prozent Zinsen pro Jahr, ergeben 6000 Euro Zinsbelastung pro Jahr.
- Verwaltung und Reparaturrücklagen pro Jahr kosten 2000 Euro.
- Dem stehen Mieteinnahmen von 8000 Euro gegenüber.
- Ihre Gesamtbelastung: Geschmeidige null Euro

Sie sagen jetzt berechtigterweise, dass gar keine Tilgung berücksichtigt wurde. Die Schulden sind dann nach zehn oder 20 Jahren noch immer da. Was sollen Sie denn da verschenken?

Nun, ich habe oben über Ihren Immobilienkauf vor vielen Jahren geschrieben. Wir stellten fest, dass Ihre Immobilie im Wert stark gestiegen ist, und wissen bereits, dass Immobilien auch in Zukunft teurer werden. Hier ein paar Berechnungen, wie sich diese Immobilie preislich entwickeln dürfte (siehe Tabelle auf Seite 140):

**Preisentwicklung einer Immobilie
bei einer jährlichen Wertsteigerung von zwei bzw. drei Prozent**

Kaufpreis:	300.000,00 €	300.000,00 €
Besitzdauer:	30 Jahre	30 Jahre
Wertsteigerung p.a.:	2 %	3 %

nach Jahren	Stand am Jahresende	Stand am Jahresende
1	306.000,00	309.000,00
2	312.120,00	318.270,00
3	318.362,40	327.818,10
4	324.729,65	337.652,64
5	331.224,24	347.782,22
6	337.848,73	358.215,69
7	344.605,70	368.962,16
8	351.497,81	380.031,02
9	358.527,77	391.431,96
10	365.698,33	403.174,91
11	373.012,29	415.270,16
12	380.472,54	427.728,27
13	388.081,99	440.560,11
14	395.843,63	453.776,92
15	403.760,50	467.390,22
16	411.835,71	481.411,93
17	420.072,43	495.854,29
18	428.473,87	510.729,92
19	437.043,35	526.051,82
20	445.784,22	541.833,37
21	454.699,90	558.088,37
22	463.793,90	574.831,02
23	473.069,78	592.075,95
24	482.531,17	609.838,23
25	492.181,80	628.133,38
26	502.025,43	646.977,38
27	512.065,94	666.386,70
28	522.307,26	686.378,30
29	532.753,41	706.969,65
30	543.408,48	728.178,74

Immobilien steigen nicht linear im Preis, aber sie steigen.

- Bei einer Wertsteigerung von zwei Prozent pro Jahr würde der Kaufpreis von 300 000 Euro in zehn Jahren auf 365 698 Euro gestiegen sein.
- Bei einer Wertsteigerung von drei Prozent jährlich läge der Wert der Immobilie nach zehn Jahren bei 403 175 Euro.
- Bei einer Wertsteigerung von drei Prozent jährlich läge der Wert des Hauses in 20 Jahren bei 541 833 Euro.

Im oberen Fall würden nach Abzug der Schulden 65 698 Euro verschenkt werden, im mittleren Fall 103 175 Euro und im unteren Fall 241 833 Euro.

Immobilien steigen sicher nicht – wie hier aufgezeigt – linear gleichbleibend im Preis, sondern unterliegen wie alle Sachwerte erheblichen Preisschwankungen am Markt. Es ist aber sicher, dass sie langfristig ihren Wert erhöhen. Auch hier ist also wie bei Aktien wieder einmal Geduld gefragt. Was kostet eigentlich Ihre Immobilie heute?

Immobilienpreis Sommer 1991 (noch in D-Mark)

Stadt	Eigenheim freistehend mittlerer Wohnwert Gesamtobjektpreis	Eigentums- wohnwert mittlerer Wohnwert Preis/qm Wohnfläche	Wohnungsmiete DM/qm Wohnfläche mittlerer Wohnwert Fertigstellung nach 1.1.1949
Berlin	700 000 DM	3 600 DM	17,00 DM
Hamburg	420 000 DM	2 700 DM	13,00 DM
München	865 000 DM	4 200 DM	16,75 DM
Köln	470 000 DM	3 200 DM	10,50 DM
Essen	450 000 DM	2 500 DM	10,00 DM
Frankfurt	575 000 DM	3 300 DM	13,00 DM
Dortmund	350 000 DM	2 000 DM	9,00 DM
Stuttgart	800 000 DM	3 700 DM	11,00 DM
Düsseldorf	550 000 DM	3 300 DM	14,00 DM
Bremen	250 000 DM	1 700 DM	10,00 DM
Duisburg	390 000 DM	1 900 DM	9,00 DM
Hannover	270 000 DM	1 800 DM	10,00 DM
Augsburg	500 000 DM	2 650 DM	10,00 DM
Bielefeld	360 000 DM	1 950 DM	8,00 DM
Bonn	370 000 DM	2 800 DM	13,50 DM
Braunschweig	375 000 DM	1 700 DM	9,00 DM
Bremerhaven	230 000 DM	1 500 DM	8,00 DM
Gelsenkirchen	415 000 DM	1 850 DM	6,75 DM
Heidelberg	550 000 DM	3 100 DM	12,60 DM
Karlsruhe	450 000 DM	2 500 DM	11,00 DM

Bereits 1991 verfasste ich dazu in unserer Zeitschrift *facts&news* einen entsprechenden Artikel. Die Preise für Immobilien lagen damals extrem hoch, besonders in München. So empfanden wir es zumindest. Heute bekommt man für die Preise bestenfalls eine bescheidene Studentenbude (siehe Tabelle auf Seite 142).

Lage, Lage, Lage, sagt der Makler.

Zu beachten ist, dass Preissteigerungen in Eins-a-Lagen langfristig sicherer und erfahrungsgemäß auch höher ausfallen als in Randgebieten. Ebenso ist dort die Vermietbarkeit besser, da die Nachfrage in Toplagen nicht nachlässt.

Ihr Enkelkind hätte mehrere Optionen: Das Geschenk könnte aus der Differenz vom Verkaufspreis in 20 Jahren von 540 000 Euro abzüglich der Kreditrückzahlung von 300 000 Euro, also immerhin aus 240 000 Euro bestehen, oder aus der Übernahme der Immobilie zu einem Schnäppchenpreis von 300 000 Euro bei Übernahme der Schulden. Vor allem: Sie hätten nichts dafür bezahlt, außer heute die richtige Entscheidung gefällt zu haben. Die komplette Verwaltung hätten Sie samt der Steuererklärung in gute Hände gegeben. Die Kosten dafür haben wir, wie oben ersichtlich, mit 2000 Euro pro Jahr berücksichtigt. Vielleicht haben Sie durch den Kauf sogar noch Steuervorteile?

Wenn Sie bereits bei der Geburt Ihres Enkels diese Entscheidung umgesetzt haben, werden Sie als weitsichtiger Opa in die Familiengeschichte eingehen. Ihre Enkel werden Ihnen sicherlich nacheifern. Gar nicht daran zu denken, wenn Sie monatliche Überschüsse aus den Mieteinnahmen dieser Immobilie, die in 20 Jahren ebenfalls stetig steigen, in Aktienfonds angelegt hätten. Was für coole Großeltern.

Hierbei handelt es sich nicht um eine Theorie, denn in den letzten 20 Jahren habe ich für viele Großeltern den Immobilienkauf für Enkelkinder mit den entsprechenden Ergebnissen bereits umgesetzt. Die Rechnung für mich persönlich war ganz einfach: pro Enkelkind eine Immobilie, bei drei Enkeln eben drei Wohnungen. Die wirkliche Herausforderung besteht lediglich darin, die geeignete Immobilie zu finden.

Schon damals wurde die Kreditbelastung in voller Höhe durch Mieteinnahmen und Steuervorteile getragen. Die zusätzliche Wertsteigerung gehörte dem Besitzer.

> *Ohne Sicherheit vermag der Mensch weder seine*
> *Kräfte auszubilden, noch die Frucht derselben zu genießen.*
> *Denn ohne Sicherheit ist keine Freiheit.*
> Wilhelm von Humboldt

Die Banken machen die Finanzierung gern mit. Leider muss heute wegen unberechtigter Kreditrichtlinien der EU zu kleinen Tricks gegriffen werden, wenn es darum geht, die Großeltern jung und kreditwürdig zu machen. Gute Berater schaffen das.

Liebe Eltern, wenn Oma und Opa das nicht können oder wollen, müssen eben Sie die Weichen für Ihre Kinder stellen. Sie sind jung und an Ihrer Bonität sollten Banken sich erfreuen. Dann setzen eben Sie die geschenkte Immobilie um!

An dieser Stelle gönnen Sie sich bitte eine Pause. Verarbeiten Sie die Gedanken und verlieren Sie sich bitte nicht in unnötigen Diskussionen. Manche Dinge müssen einfach nur umgesetzt werden! Ich wurde oft gefragt: »Herr Stöver, wenn das so ist: Warum macht das dann nicht jeder?« Meine Antwort: »Es macht jeder, wenn er die richtige Beratung bekommen hat, und eine passende Immobilie für ihn gefunden wurde.« Leider verzögert sich dadurch oftmals der Kauf. Auch hier gehört eine Portion Geduld dazu, bis alles zusammenpasst. Bis dahin hat sich jeder mit der Idee angefreundet und ist perfekt vorbereitet.

Merksatz 23	**Auch große Immobiliengesellschaften haben mit einer Wohnung angefangen.**

Nun haben Sie eine Backanweisung für eigene und genfremde Kinder, Enkelkinder und vielleicht sogar Urenkelkinder. Leben Sie den sozial engagierten Knutschnachbarn, Kuschelpatenonkel oder Menschenliebhaber. Warum muss ein Verwandtschaftsverhältnis bestehen, um große Geschenke zu machen, die noch nicht einmal etwas kosten? Sicherlich werden Sie zunächst misstrauisch beäugt. Verweisen Sie dann einfach auf mich, den durchgeknallten Schriftsteller. Das Buch verschenken Sie und haben die entsprechenden Seiten schon farblich markiert. Man wird Sie lieben und sich um Sie kümmern, wenn es mal mit der Gesundheit oder dem Alter nicht mehr so läuft. Und was haben Sie zu verlieren? Nichts! Sie bekommen garantiert eine Familie dazu.

Jetzt geht es spannend weiter!

14

Hinfort, wenn du ein Mieter bist!

Dumm wird man nicht, dumm bleibt man.
Esther Vilar

Mieten für Dummies

Sie könnten noch auf der alten Welle reiten, die da heißt: Erst einmal Eigenkapital ansparen! Sie machen also Kassensturz und erübrigen immerhin 400 Euro pro Monat, die Sie fälschlicherweise auf ein Sparbuch legen, denn Sie waren ja schon so weit, das Geld lieber in einen Aktienfonds einzuzahlen. Immerhin kommen so auf dem Sparbuch im Jahr 4800 Euro an und in zehn Jahren 48 000 Euro. Das ist eine ganze Menge Geld, und Sie mussten sich das eine oder andere Mal sehr einschränken, um diese Sparsumme aufzubringen. Aber es war ja auch für Ihr Wunschziel – das eigene Häuschen – gedacht.

Prima! Jetzt kann gekauft werden, denken Sie. Vor zehn Jahren kostete die Immobilie 300 000 Euro. Heute, nach zehn Jahren, aufgrund der allgemeinen Preissteigerungen von drei Prozent pro Jahr aber schon 400 000 Euro, abzüglich Ihres Eigenkapitals von 48 000 Euro immerhin noch 352 000 Euro. Hoppla! Sie haben mit Ihrer Ansparung nicht nur nichts erreicht, sondern Ihre Ausgangslage beim Kauf sogar noch verschlechtert! Hätten Sie vor zehn Jahren gekauft, wären Ihre Schulden bereits um 48 000 Euro getilgt worden, und Sie hätten Ihr eigenes Haus schon zehn Jahre lang genießen können.

Merksatz 24   **Es macht keinen Sinn, einer Immobilie hinterher zu sparen.**

1994 schrieb ich in der facts&news, dass schon damals den Preissteigerungen am Immobilienmarkt nur hinterhergespart wurde. Und schon damals war klar, dass Immobilienpreise langfristig immer steigen werden.

Kaufen Sie jetzt! Sollten Sie sich später einmal räumlich verändern müssen, vermieten oder verkaufen Sie eben. Früher galt der Hausbau als einmaliges Ereignis. Man wohnte und starb in der Immobilie. Heute, im Zeitalter der Globalisierung, wechselt man sie mehrfach und passt sie seinen Lebensumständen stets an.

In guten Lagen ist die Immobilie eine fantastische Kapitalanlage, und bei sorgfältiger Auswahl des Mieters sollte die Vermietung kein Problem darstellen. Wenn Sie verkaufen, können Sie den Mehrwert zum Ausgleich von gestiegenen Preisen für den nächsten Hauserwerb verwenden. Gute Makler stellen den Weiterverkauf sicher. Da sind nach meiner Erkenntnis gerade die kleineren Firmen sehr engagiert. Die großen hingegen denken eher an Umsatzvolumen als an Menschenschicksale.

Sagen Sie Ihrem Mieter nichts davon!

Ein großes Problem aber gibt es: Was ist, wenn Mieter dieses Buch lesen? Gibt es dann überhaupt noch welche? Wir sprechen von jenen, die zuverlässig und pünktlich ihre Miete zahlen, über ein geregeltes Einkommen verfügen und sogar etwas Sparguthaben besitzen, das in einen Aktienfonds eingezahlt wird.

Geben Sie dieses Buch nicht Ihrem Mieter!

Der Mieter zahlt, um es mit anderen Worten zu sagen, einen Mietzins. Dieser Begriff existiert schon sehr lange und bedeutet, dass die Wohnung nicht dem Mieter gehört, sondern dieser dafür einen monatlichen Zins zahlen muss. Er leiht sich die Wohnung gewissermaßen aus. Wenn er den Mietzins nicht zahlen könnte, hätte er den sorgfältig geprüften Mietvertrag auch nicht unterschrieben. Vielleicht hat er ihn vorsorglich mit seinem Anwalt besprochen. Seine monatlichen Zahlungsverpflichtungen waren ihm bestens bekannt. Bei Nichtzahlung droht ihm die Kündigung und der Auszug.

Warum, liebe Mieter, unterschreibt ihr solch einen Vertrag? Wieso rechnet euch keiner vor, dass ihr zu viel bezahlt? Wieso wird nur gegen ungerechtfertigte Miethöhen oder für Mietpreisdeckel gekämpft? So viel Energie für so wenig Erfolg! Die Mieten müssen und werden immer weiter steigen, denn, wie bereits

Geld macht nicht korrupt – kein Geld schon eher.

Dieter Hildebrandt

erwähnt, geht das auf das Konto der Inflation. 8000 Euro Miete im Jahr, sprich rund 667 Euro pro Monat, können bedenkenlos mit drei Prozent nach einem Jahr um monatlich 20 Euro auf 687 Euro erhöht werden. Das sind ja nur drei Prozent, denken Sie, das schaffen Sie schon, schließlich ist auch Ihr Einkommen etwas gestiegen, den Gewerkschaften und Arbeitgebern sei Dank.

Kein Verbraucherschützer, Anwalt oder Richter würde hier eine unangemessene Mieterhöhung sehen, denn überwiegend sind 15 bis 20 Prozent innerhalb von drei Jahren, also sogar fünf Prozent pro Jahr, erlaubt. Das ist die sogenannte Kappungsgrenze. Interessant?

Ihre Miete steigt also jährlich um läppische drei Prozent. Also in zehn Jahren auf fast 11 000 Euro pro Jahr und damit auf mehr als 900 Euro pro Monat. Lieber nicht weiterrechnen! Es ist sowieso egal, schließlich wollen Sie nicht mehr mieten (siehe Tabelle auf Seite 151).

Ihre Mietsteigerung kostet sie 11 000 Euro.

Sie wollen kaufen, denn Sie haben in der Berechnung gesehen, dass die Belastung aus 8000 Euro über 20 Jahre fest ist, während die Miete im selben Zeitraum drastisch steigt. Außerdem ist das Mieten viel gefährlicher und unsicherer. Wann schmeißt Sie Ihr Vermieter wegen Eigenbedarfes hinaus?

Mieten ist nicht ungefährlich!

Glücklich ist der Dumme

Nun, vielleicht mag ich Sie als Mieter, zeige mich sehr sozial und vermiete Ihnen die Wohnung für die nächsten 30 Jahre zum Festpreis von 8000 Euro pro Jahr. Keine Mietsteigerung, versprochen und schriftlich garantiert. Sie sind überglücklich und schicken mir jedes Jahr zu Weihnachten eine Flasche des besten Rotweins. Dass ich als Vermieter den Mietzins nach 30 Jahren nur um höchstens 15 bis 20 Prozent erhöhen darf, machen Sie nicht zum Gesprächsinhalt. Sie sind glücklich und ziehen ein. In den kommenden drei Jahrzehnten zahlen Sie also insgesamt „nur" 240 000 Euro an Miete.

Entwicklung der Miete bei Mietpreissteigerung um jährlich drei Prozent

Anfangsmiete p.a.: 8.000,00 €
Mietdauer: 30 Jahre
Mietsteigerung p.a.: 3 %

nach Jahren	Stand am Jahresende
1	8.240,00
2	8.487,20
3	8.741,82
4	9.004,07
5	9.274,19
6	9.552,42
7	9.838,99
8	10.134,16
9	10.438,19
10	10.751,33
11	11.073,87
12	11.406,09
13	11.748,27
14	12.100,72
15	12.463,74
16	12.837,65
17	13.222,78
18	13.619,46
19	14.028,05
20	14.448,89
21	14.882,36
22	15.328,83
23	15.788,69
24	16.262,35
25	16.750,22
26	17.252,73
27	17.770,31
28	18.303,42
29	18.852,52
30	19.418,10

Ihre beste Freundin hat zufällig dieses Buch gelesen, deshalb zeitgleich nebenan die gleiche Wohnung für 240 000 Euro gekauft und zahlt ebenfalls angenommene 8000 Euro Kreditzins. Nach 30 Jahren verkauft sie die Wohnung und erhält bei einer angenommenen Wertsteigerung von jährlich drei Prozent über 580 000 Euro dafür (siehe Tabelle Seite 153). Sie löst den Kredit ab und freut sich über 340 000 Euro Überschuss. Sie bekommt quasi ihre gesamte Belastung der letzten drei Jahrzehnte durch die Wertsteigerung der Wohnung zurück und macht darüber hinaus noch 100 000 Euro Gewinn!

Würde ich Ihnen als sozial eingestellter Vermieter die Miete der letzten 30 Jahre zurückerstatten? Fragen Sie Ihren Vermieter, seien Sie aber bitte auf seine Reaktion vorbereitet.

Die Wertsteigerung einer Immobilie über 30 Jahre ist in der Regel höher als sämtliche in diesem Zeitraum geleisteten Kreditzinsen.   **Merksatz 25**

Fakt ist also, dass Sie Ihre eigene Wohnung nach 30 Jahren mit hohem und steuerfreiem Gewinn verkaufen können. Fakt ist auch, dass es kaum einen dermaßen sozial eingestellten Vermieter geben wird, der 30 Jahre lang die Miete nicht erhöht. Wahnsinn ist, dass die Miete, selbst wenn sie im Durchschnitt um nur zwei Prozent pro Jahr angehoben werden sollte, nach 30 Jahren auf über 14 000 Euro pro Jahr gestiegen ist. Ihre Freundin hingegen zahlt weiterhin nur 8000 Euro pro Jahr (siehe Tabelle Seite 154)!

Keine Mieterhöhung in 30 Jahren? Wohl kaum.

Insgesamt hätten Sie in 30 Jahren 328 000 Euro Miete gezahlt, als Käufer nur 240 000 Euro! Noch Fragen? Auch hierzu liefere ich Ihnen die Berechnung (siehe Tabelle auf Seite 155).

Wertsteigerung einer Immobilie in 30 Jahren

Kaufpreis: 240.000,00 €
Besitzdauer: 30 Jahre
Wertsteigerung p.a.: 3 %

nach Jahren	Stand am Jahresende
1	247.200,00
2	254.616,00
3	262.254,48
4	270.122,11
5	278.225,78
6	286.572,55
7	295.169,73
8	304.024,82
9	313.145,56
10	322.539,93
11	332.216,13
12	342.182,61
13	352.448,09
14	363.021,53
15	373.912,18
16	385.129,55
17	396.683,43
18	408.583,93
19	420.841,45
20	433.466,70
21	446.470,70
22	459.864,82
23	473.660,76
24	487.870,59
25	502.506,70
26	517.581,90
27	533.109,36
28	549.102,64
29	565.575,72
30	582.542,99

Jährliche Mietpreissteigerung im Verlauf von 30 Jahren

Anfangsmiete p.a.: 8.000,00 €
Mietdauer: 30 Jahre
Mietsteigerung p.a.: 2 %

nach Jahren	Stand am Jahresende
1	8.160,00
2	8.323,20
3	8.489,66
4	8.659,46
5	8.832,65
6	9.009,30
7	9.189,49
8	9.373,28
9	9.560,74
10	9.751,96
11	9.946,99
12	10.145,93
13	10.348,85
14	10.555,83
15	10.766,95
16	10.982,29
17	11.201,93
18	11.425,97
19	11.654,49
20	11.887,58
21	12.125,33
22	12.367,84
23	12.615,19
24	12.867,50
25	13.124,85
26	13.387,34
27	13.655,09
28	13.928,19
29	14.206,76
30	14.490,89

Die Frage, ob der Mieter (linke Spalte) oder der Käufer (rechte Spalte) mehr bezahlt, kann leicht beantwortet werden.

	monatliche Miete: 666,67 €	monatliche Kreditbelastung: 666,67 €
	Mietdauer: 30 Jahre	Zinsfestschreibung: 30 Jahre
	Mietsteigerung p.a.: 2 %	

nach Jahren	Stand am Jahresende	Stand am Jahresende
1	8.086,40	8.000,00
2	16.334,54	16.000,00
3	24.747,63	24.000,00
4	33.328,99	32.000,00
5	42.081,97	40.000,00
6	51.010,02	48.000,00
7	60.116,62	56.000,00
8	69.405,36	64.000,00
9	78.879,87	72.000,00
10	88.543,87	80.000,00
11	98.401,15	88.000,00
12	108.455,58	96.000,00
13	118.711,10	104.000,00
14	129.171,72	112.000,00
15	139.841,56	120.000,00
16	150.724,80	128.000,00
17	161.825,70	136.000,00
18	173.148,62	144.000,00
19	184.697,99	152.000,00
20	196.478,36	160.000,00
21	208.494,33	168.000,00
22	220.750,62	176.000,00
23	233.252,04	184.000,00
24	246.003,48	192.000,00
25	259.009,96	200.000,00
26	272.276,56	208.000,00
27	285.808,50	216.000,00
28	299.611,07	224.000,00
29	313.689,70	232.000,00
30	328.049,89	240.000,00

Wollen Sie immer noch der wahnsinnige Mieter sein? Wohl kaum, denn es lässt sich leicht ausrechnen, was die von Ihnen gemietete Wohnung kosten darf, um keine höhere Belastung zu haben als jetzt. Auf unserer Homepage[11] ist ein entsprechender Rechner zu finden.

[11] www.shp-bremen.de

- Geben Sie Ihre Kaltmiete mit beispielsweise 600 Euro ein.
- Dann einen aktuellen Zinssatz mit zwei Prozent pro Jahr.
- Ihre mögliche Kreditsumme?
  Die Antwort: 360 000 Euro

Allerdings sollten Sie nicht nach einer Wohnung in genau dieser Kostenkategorie suchen. Zum Kaufpreis kommen nämlich noch Kaufnebenkosten wie Grunderwerbssteuer, Makler- und Notargebühren sowie die Kosten für das Grundbuchamt hinzu. Weitsichtiger wäre es, nach einer Immobilie für 250 000 bis 300 000 Euro Ausschau zu halten. Dann gibt es auch noch finanziellen Spielraum für Renovierungen oder den Reparaturfonds bei Eigentumswohnungen.

Eine Ansparung oder Tilgung darf gern hinzukommen, denn es handelt sich hier um einen Sparvorgang, der Ihnen zugutekommt. Sicherlich haben Sie auch als Mieter einen Sparvorgang, beispielsweise eine Lebensversicherung oder einen Bausparvertrag. Vielleicht kann der für die Tilgung genutzt werden.

Ein Sparvorgang, der Ihnen zugutekommt.

Wenn Ihnen folgende Berater und Beschützer wirklich zur Seite stünden, würden ...

1. die Politiker oder die Regierung Wege für günstige Immobilienkredite für Mieter eröffnen.
2. Verbraucherschützer keine Sozialwohnungen fordern, sondern Eigentumswohnungen für jeden.

3. Banken für Kreditverträge kämpfen, die aus wenigen Seiten bestehen, die jeder versteht und die nicht abschrecken wie heutige, zig Seiten umfassende Pamphlete.
4. Verwalter und Makler ihr Bestes geben, um Irreführungen rund um die Immobilie zu entkräften.
5. gut bezahlte Finanzberater die allumfassende Betreuung bis hin zur Fürsorge übernehmen.
6. die seitens der Gesetzgeber und Banken geschaffenen Richtlinien rund um dieses Thema sachlich überprüft und gern geschreddert.
7. Anwälte statt Mietverträge nur noch Kaufverträge prüfen.

Sie dürfen nicht mieten!

Sie brauchen Gehör, Sie sind eine breite Masse von Gleichgesinnten und Betroffenen. Sie können die Dinge ändern, glauben Sie mir. Die Argumente liegen auf der Hand. Das Schöne daran ist, dass Mathematik nicht betrogen werden kann. Es muss allerdings gelingen, durch den Wust an Falschinformationen mit

Seine eigene Dummheit zu erkennen, mag schmerzlich sein.
Keinesfalls aber eine Dummheit.
Oliver Hassencamp

der Wahrheit durchzudringen. Wer sich gegen diese sachlichen Argumente stellt, sollte kritisch beäugt werden. Will er nicht helfen? Wie viele Immobilien besitzt er schon? Wie viele Mieter zahlen in seine Tasche und vermehren sein Vermögen? Nein! Gehen Sie ihm nicht in die Falle! Finden Sie selbst Ihr Immobilien-Glück – mit dem richtigen Betreuer!

Banken und Sparkassen spielen in unserer Gesellschaft eine wesentliche Rolle. Als systemrelevante Unternehmen genießen sie einen Status, den so schnell kein anderer zugeschrieben bekommt. Sollten sie in Konkurs gehen, werden sie mithilfe unserer Steuergelder gestützt. Wir alle – auch Sie! – zahlen persönlich über Ihre Steuern für das Überleben der Bankhäuser. Eigentlich müssten wir Teilhaber der Banken werden – durchaus aberwitzig.

Wahrscheinlich fordere ich zu viel, aber schon aus Dankbarkeit sollten die Banken mir persönlich und uns allen von Nutzen sein, und das bitte nicht nur mit einem Girokonto. Vielmehr sollten sie werthaltige Kredite für werthaltige Immobilien zur Verfügung stellen.

1995 schrieb ich in der facts&news, dass es sinnvoll und möglich ist, ein Hauskauf samt Nebenkosten über einen Bankkredit zu finanzieren. Was damals ging, sollte heute doch erst recht möglich sein.

Weit gefehlt. Mangelndes Eigenkapital wird schnell und gern vorgeschoben, um eine lästige Kreditanfrage loszuwerden. Dabei ist, wie bereits dargelegt, die Ansparung von Eigenkapital eher schädlich, weil dem Inflationseffekt nicht erfolgreich hinterhergespart werden kann. Wie sieht es mit dem Eigenkapital der Banken aus? Warum gehen die überhaupt pleite?

Die Vollfinanzierung war über viele Jahre weit verbreitet. Hundertfach habe ich sie vermittelt und begleitet. Aber es bleibt ein Restrisiko wie Arbeitslosigkeit, Scheidung, Krankheit oder Tod. Dazu mehr im nächsten Kapitel.

Was hilft aller Sonnenaufgang, wenn wir nicht aufstehen?

Georg Christoph Lichtenberg

15

Was für ein Traum!

Wozu ist Geld gut, wenn nicht, um die Welt zu verbessern?
Elizabeth Taylor

Zählt Aufrichtigkeit noch?

Ich kann mich – ungelogen! – noch an Kreditgespräche mit einer Bank erinnern, die sogar das Thema Schwangerschaft problematisierte. Was ist, so wurde allen Ernstes gefragt, wenn die Frau kein Einkommen mehr generiert, weil sie ein Kind bekommen möchte? Vor 30 Jahren war das finanziell durchaus ein Risiko, aber in solchen Fällen sprangen normalerweise gern die Großeltern ein. Trotzdem bestand die Bank in diesem Fall darauf, dass die Frau eine Bestätigung abgab, in der sie erklärte, dass sie die Pille nahm. Was für eine unverschämte, außerdem unwirksame Verpflichtungserklärung! Nach meiner Erinnerung wurde das Thema Schwangerschaft aber nur über kurze Zeit abgefragt, bevor es wieder vom Tisch war.

Immer, und ich meine immer, wurde bei unvorhersehbaren Schicksalsschlägen in vernünftigen Gesprächen zwischen Bank, Kunde und Berater eine einvernehmliche Lösung gefunden. Entscheidend war nämlich nur, dass ich als Berater die Parteien an einen Tisch brachte. Meine Kunden waren nach einer umfangreichen Kreditberatung bereit, mögliche Schicksalsschläge vorher zu erkennen. So konnten sie im Unglücksfall verantwortungsvoll damit umgehen und steckten nicht den Kopf in den Sand. Die Lösungen dafür hatten wir schließlich schon bei der Kreditaufnahme besprochen, das heißt, notwendige Versicherungen waren abgeschlossen worden und die Eltern im Hintergrund moralisch eingebunden. Die Banken erhielten stets pünktlich ihren Kredit zurück.

Genau dieser Kreditwürdigkeit, die auf die Person und nicht so sehr auf die Sache abgestellt ist, muss wieder mehr Bedeutung zukommen. Der Aufrichtigkeit und dem guten Willen der Menschen, die den Kredit beantragten, wurde zu wenig Beachtung geschenkt. Genau diese Menschen aber sind es, die die Bank retten, wenn sie in Schieflage geraten sollte. Also, liebe

Banken und Sparkassen, sorgt für die finanzielle Absicherung dieser Menschen und finanziert zu 100 Prozent die Immobilie! Legt euch dafür ins Zeug und kämpft notfalls gegen unsinnige Auflagen und Vorschriften!

Man wird ja noch träumen dürfen! Und wo es gerade so schön ist: Lassen Sie mich weiterträumen!

In meinen Träumen

Auf der politischen Ebene darf sich ruhig noch etwas mehr tun. Wie wäre es, den Kauf zu erleichtern, indem die Länder beim Ersterwerb einer Immobilie auf die Grunderwerbsteuer verzichten würden? Was für ein Traum! Der Verzicht auf die Grunderwerbsteuer gilt natürlich nur bei Bedürftigen, also denjenigen, die als Paar weniger als 50 000 Euro pro Jahr im Durchschnitt der letzten drei Jahre verdient haben. Und damit nie wieder über die Einkommensgrenze gesprochen werden muss, erhöhen wir sie einfach jährlich um drei Prozent. Eine wunderbare Vorstellung! Ich träume sogar weiter und hoffe, dass nicht jahrelang über diese beiden Zahlen politisch gerungen werden muss. Ich bin unparteiisch, also beschließt es bitte einstimmig, denn keine Partei kann diese Idee für sich reservieren. Streit ist doch sicher dieses eine Mal vermeidbar, oder?

In meiner Vision erscheint mir unser Staat als wahrhaft väterlich und absolut großzügig. Deshalb kann es niemanden verwundern, dass er weitere Immobilienkäufe im Abstand von zehn Jahren mit der Befreiung von der Grunderwerbsteuer fördert. Allerdings nur bezogen auf den anteiligen Kaufpreis mit einer jährlichen Steigerung von drei Prozent der Erstimmobilie. Schließlich sollen nicht Millionenobjekte begünstigt werden, die den Reichen vorbehalten sind. Dennoch stimmen sie der Regelung gern solidarisch zu. Ein wunderbarer Traum!

Mein Traum ist für alle, nicht für Millionenobjekte.

Ihr aber seht und
sagt: Warum?
Aber ich träume
und sage:
Warum nicht?

George Bernard Shaw

Diese herrliche Wunschvorstellung bezieht auch die Notare mit ein. Endlich können sie Gutes tun und bei den von der Grunderwerbsteuer befreiten Immobilienkäufen Rabatte auf ihr Honorar geben! Es ist zu schön! Gebührenerlasse von 50 Prozent sind drin, und die Notarkammer macht deswegen keinen Ärger, sondern ermuntert ihre Mitglieder sogar zu solch generösem Handeln. Da kann das Grundbuchamt gar nicht mehr anders, als sich den Generösen zugesellen und auf Gebühren zu verzichten.

Sie werden schenken!

In meinem Traum lerne ich viele Notare kennen, die mir immer wieder versichern, dass sie nur zu gern Rabatte geben. Denn sie möchten Großzügigkeit leben und als Selbstständige frei sein in ihrer Preisgestaltung.

Nun träume ich von Maklern: Was sind das nur für solidarische Mitmenschen! Wie selbstverständlich haben sie beschlossen, ihren Teil zur Stützung der armen Mieter beizutragen, indem sie auf – mindestens! – 50 Prozent der Courtage verzichten, um im Gegenzug den Verkauf an den Mieter der entsprechenden Immobilie zu vermitteln. Ich möchte gar nicht mehr aufwachen! Da Sie als Mieter über ein einmaliges Vorkaufsrecht verfügen, wird er Sie nicht übersehen. Der Rabatt fällt dem Makler leicht, da er mit Ihnen als Käufer ein schnelles, glückliches Geschäft macht.

Beinahe wache ich vor Schreck auf, denn was mich umhaut, ist die Tatsache, dass Sie in den ersten zwölf Monaten nach Kauf keine Lohnsteuer zahlen müssen! Stattdessen fließt das Geld in einen Aktienfonds und steht Ihnen nach zehn Jahren für eine Sondertilgung oder Reparatur zur Verfügung. Und dieser Traum wird mir zusätzlich versüßt durch die Idee, dass der Aktienfonds in den ersten zehn Jahren als Kreditsicherheit an die Bank abgetreten werden darf. Träumen Sie doch bitte gemeinsam mit mir!

Ihre Lohnsteuer fließt in einen Aktienfonds. Ein Traum! Aber möglich, wenn »Vater Staat« wirklich die Altersarmut verhindern will?

Die Banken reißen sich regelrecht um Sie und die Voll-finanzierung, und Ihnen werden exzellente Zinssätze offeriert!

Abschließend stelle ich mir vor, wie Sie Ihren Vermieter über-reden, Ihnen die Immobilie zu verkaufen. Ich drücke Ihnen beide Daumen. So werden Sie mit den Jahren immer reicher und ganz sicher nicht zum Sozialfall. Der Staat profitiert davon. Es gibt keine Armut mehr! Eine echte Win-win-Situation für uns alle.

Ich wache auf aus meinem Traum. Und während ich mir noch die Augen reibe, reift in mir ein Entschluss: Ich sollte Finanz-minister werden! Natürlich unparteiisch, versprochen! Als Fi-nanzminister darf man auch mal ein Spinner sein. Aber spinnen kommt bekanntlich von Spinnen, und die bauen die besten und sichersten Netze!

16

Der beste Chef der Welt

*Wenn man einen Menschen
richtig beurteilen will, so frage man sich immer:
»Möchtest du den zum Vorgesetzten haben?«*
Kurt Tucholsky

Besser als jede Gewerkschaft

Wissen Sie, was ein Knutscharbeitgeber ist? Sie ahnen es: Wenn er auch Ihnen etwas schenkt. Er sollte seine Angestellten und Arbeiter lieben. Viele von ihnen, gerade in den Familien- unternehmen, leben das bereits – beinahe wie in einer großen Familie. Zuneigung, gegenseitige Achtung und manchmal auch Reibereien stehen auf der Tagesordnung. Loyalität und En- gagement sind Arbeitgebern wichtig. In meinem Unternehmen ist jeder Angestellte unabkömmlich und in gewisser Weise auch ein Chef. Und jeder Chef oder Abteilungsleiter ist sich nicht zu fein, auch mal den Handsauger zu bedienen oder den Kaffee zu servieren, das möchte ich zumindest glauben.

Wir bezahlen unsere Angestellten gut und fair. Den einen oder anderen Extrabonus können wir uns leisten. Aber so richtig Spaß macht das nicht. Denn von einer wohlgemeinten Gehalts- erhöhung bleibt meistens nicht viel übrig. Ich denke, darunter leiden die Tarifparteien genauso wie die Arbeitnehmer und An- gestellten. Die Gewerkschaften fordern sechs Prozent, die Ar- beitgeber bieten zwei Prozent und geeinigt wird sich auf vier Prozent. Vorher noch etwas Streik oder Aussperrung, und dann ist es wieder ruhig für ein bis zwei Jahre.

Kinkerlitzchen mit Getöse

Vier Prozent auf 2000 Euro brutto ergeben netto nur noch ca. zwei Prozent oder 40 Euro. Große Sprünge sind damit nicht drin. Meistens sind die allgemeinen Lebenshaltungskosten stärker gestiegen. Der Arbeitgeber ärgert sich, weil er fast 100 Euro mehr bezahlt, und der Arbeitnehmer ist frustriert, weil nichts bei ihm ankommt. Liegt die Schuld allein bei der Re- gierung? Ich glaube nicht. Trotzdem muss endlich eine Win- win-Situation her. Hier ist sie:

- Der Arbeitgeber zahlt nichts, allerdings bildet er in Höhe der eigentlich geplanten Gehaltserhöhungen der nächsten Jahre eine Rücklage.
- Der Arbeitgeber hilft dem Arbeitnehmer beim Kauf einer Immobilie für Eigenzwecke oder zur Vermietung. Dazu lässt er seine in der Regel besseren Bankbeziehungen spielen, und wenn das nicht reicht, stellt er seine Bonität in Form einer kleinen Bürgschaft oder eines günstigen Arbeitgeberdarlehens zur Verfügung.
- Die Banken lieben eine feste Beziehung zwischen Arbeitgeber und Arbeitnehmer! Sie wünschen sich möglichst einen unkündbaren Arbeitsplatz, so wie bei den Beamten auf Lebenszeit. Eine Bürgschaft oder ein Darlehen des Arbeitgebers sind ein großartiger Beweis dafür, dass der Arbeitgeber an seinem Mitarbeiter hängt und ihn festhalten möchte. Aufgrunddessen sind die Banken eher dazu bereit, die Vollfinanzierung zu begleiten, und das natürlich auf Aktienbasis.

> *Der Arbeiter soll seine Pflicht tun,*
> *der Arbeitgeber soll mehr tun als seine Pflicht.*
> Marie von Ebner-Eschenbach

Das läuft, wie schon beschrieben, auf die geschenkte Immobilie durch den Arbeitgeber hinaus. Davon hat der Arbeitnehmer mehr als von den nächsten Gehaltserhöhungen. Stellen Sie sich mal das gesteigerte Selbstwertgefühl des Arbeitnehmers vor, endlich zu den Immobilienbesitzern zu gehören. Stolz und sozialer Aufstieg gehen damit einher. Diese Bindung zwischen Arbeitgeber und Arbeitnehmer schafft keine betriebliche Altersversorgung, kein Firmenauto und keine bezuschusste Sterne-Kantine. Die eigene Immobilie ist etwas für das ganze Leben.

Win-win und KKK

Immobilie als
Gehaltserhöhung?
Kein schlechtes
Geschäft!

Noch schnell ein Blick auf die so entfallenen, im Verhältnis zum Immobiliengewinn lächerlichen Gehaltserhöhungen: Steht der Arbeitnehmer auf eigenen Beinen und braucht die Bürgschaft oder den Kredit des Arbeitgebers nicht mehr, wird sein Gehalt sofort auf das theoretisch erreichte erhöht. Er ist somit bemüht, den Arbeitgeber schnellstens wieder aus seiner Verpflichtung zu befreien.

Aus der Rücklage kann der Arbeitgeber Kreditausfälle oder Inanspruchnahmen aus Bürgschaften bezahlen. Überschüsse lassen sich nach Rücksprache mit allen Arbeitnehmern auch an diese auszahlen. Dabei sollten sie mitentscheiden dürfen, schließlich wollen noch andere von ihnen in den Genuss einer geschenkten Immobilie kommen. Auch die Gewerkschaften sind über diese fette Absicherung der Arbeitnehmer mehr als glücklich. Die Win-win-Lösung ist geschaffen!

Selbstverständlich wird davon ausgegangen, dass der Staat von diesem Kuchen nichts abgreift, denn letztlich ist er an einer soliden Altersversorgung interessiert, nicht wahr? Ich würde solche Arbeitgeber auf jeden Fall knutschen, ich finde das toll und weiß, wovon ich rede.

Wissen Sie was KKK ist? KleinKrümelKram. Für mich bedeutet eine Gehaltserhöhung mit über 50 Prozent Verlusten auf jeden Fall Kleinkrümelkram. Dann doch bitte für die Mitarbeiter eine saftige Unterstützung, die nicht zu übersehen ist. Deshalb die geschenkte Immobilie.

Vielleicht ist
genau diese Zeit
die Zeit des
Umdenkens und
Umschwenkens?

Die deutsche Regierung verteilt Milliarden und keiner weiß, wo sie herkommen. Angeblich zahlen es unsere Kinder. Wer's glaubt! Wenn von Mindestlohn, Arbeitslosenhilfe oder Rentenanpassung gesprochen wird, kommt KKK dabei heraus. Ich bin lieber für ein GGG, ein GewaltigGrandiosesGroßmachen.

Groß oder klein?

Als ich noch zur Grundschule ging, musste ich mich melden, wenn ich während des Unterrichts zur Toilette wollte. Unweigerlich folgte die obligatorische Frage: »Groß oder klein?« Sie erschien mir schon damals unnötig und überflüssig, spätestens zu dem Zeitpunkt, als ein Lehrer bei »klein« meinte, ich könne bis zur Pause warten. Ich sagte nämlich immer »klein«, weil ich mich ansonsten vor den Mädels schämte. Die Auswirkungen auf meinen Verdauungstrakt dürfen Sie sich gern vorstellen. Ich musste also umdenken. Damals lernte ich, dass »groß« eher und leichter zum Ziel führte – und das ist auch heute noch so. Ich weiß nicht mehr, ob ich rot wurde oder die Klasse lachte. Beides war doof, eben eine pädagogisch sinnfreie Frage. Wie ist das eigentlich heute geregelt? Fragen die Kinder noch oder gehen sie einfach?

Wenn ich einen dicken Ast vor mir habe, wirkt er stabil und vertrauenswürdig. Stecke ich ihn in meinen Schredder, kommt nur noch KKK heraus, Kleinkrümelkram. Der Ast, auf dem wir sitzen, ist unsere Gesellschaft. Wir dürfen sie nicht schreddern, sondern müssen jeden Einzelnen stark machen. Statt den Mindestlohn von 9,48 Euro vielleicht irgendwann einmal auf zwölf Euro zu erhöhen, sollte auch bei den Arbeitern das elementarste Lebensbedürfnis »Wohnen« in der eigenen Immobilie lust- und kunstvoll finanzierbar gemacht werden.

Eigentum schafft Sicherheit

Es braucht Eigentum GGG und nicht Mietobjekte KKK. Wenn dann auch noch die Mieten gedeckelt werden, laufen wir Gefahr, dass alte Verträge, die jahrelang nicht erhöht wurden, flugs maximal angepasst werden. Die Vermieter beabsichtigen zwar aktuell vielleicht gar keine Mieterhöhung, werden aber dazu gezwungen, da sonst der Ertragswert und damit der Wert der Immobilie nicht steigt. Durch die Mietpreisdeckelung wäre eine Erhöhung der Miete nach beispielsweise 20 Jahren auf die dann ortsübliche Miete unmöglich. Bei zwei Prozent Steigerung pro Jahr entspräche das in 20 Jahren einer Mietanpassung von mindestens 40 Prozent, während das Gesetz aber nur zehn Prozent zulässt.

Bislang hatte der Mieter 20 Jahre lang Ruhe, er würde vielleicht sogar von Glück sprechen. Vermutlich hat er sich sogar schon eingebracht, Verschönerungsarbeiten ausgeführt und diese selbst aus den eingesparten Mieterhöhungen bezahlt. Eine Win-win-Situation, die zukünftig nicht mehr so bleiben wird.

Wir sollten den Erstimmobilienbesitzer nicht zwingen, gegen seine eigene soziale Herkunft zu agieren.

Eigentum für alle wird es vermutlich nicht geben können, aber der arme Immobilienbesitzer wird bei seiner ersten Anlageimmobilie bei Mieterhöhungen eher zurückhaltend sein. Zwingen wir ihn durch Mietpreisdeckelungen bitte nicht, gegen seine eigene soziale Herkunft zu agieren. Eigentum in Form von Immobilien für alle, besser gesagt für viele, führte zur Reduzierung von Nachfragen nach Mietobjekten, was auch die Miethöhe automatisch regulieren würde. Übrigens: Je höher die Miete, desto mehr kann für einen Immobilienkredit eingesetzt werden.

17

Ein Plädoyer

Zusammenkommen ist ein Beginn,
zusammenbleiben ist ein Fortschritt,
zusammenarbeiten ist ein Erfolg.
Henry Ford

Ruhig Blut

Alles bisher Beschriebene ist für mich nicht neu. Die Börsenentwicklung spiegelt seit Jahrzehnten – oder besser gesagt seit Jahr-
hunderten[13] – das menschliche Verhalten wider. Seit einiger Zeit
spricht man vom Mainstream, also vom Verhalten der breiten
Masse, das sich nie geändert hat und wohl nie ändern wird.
Panikverkäufe sind nicht Verkäufe eines Einzelnen, und die
plötzliche Nachfrage nach Klopapier ebenfalls nicht.

[12] Die Börse in
Brügge, Belgien,
wurde 1409
gegründet.

Die Frage ist doch nur, ob diese extremen Verhaltensweisen
gemessen werden können und damit vorhersehbar sind. Ich bin
der Meinung, dass das in gewissen Grenzen möglich ist und für
die Sicherheit von Geldanlagen genutzt werden kann. Meine
Antwort auf unsere rein menschlichen Verhaltensweisen lautet
Fonds-Guard®.

**Panikverkäufe
durch Corona**

Das Coronavirus löste Panikverkäufe an den Börsen und den
Sturm auf Klopapier im Supermarkt aus. Eine tägliche Messung
dessen erfolgte anhand des Börsenkurses. Eigentlich hätte der
Dax rasant auf unter 5000 Punkte fallen müssen. Die deutsche
Wirtschaft wurde schließlich komplett heruntergefahren. In
2020 fiel er aber »nur« von 13 000 auf 8000 Punkte, um sich
dann innerhalb einer Woche wieder bei 10 000 Punkten ein-
zupendeln. Über das Warum lässt sich nur spekulieren:

1. Panikverkäufe bis 8000 Punkten sind glaubhaft.
2. Erholung durch erkaufte Hoffnung mittels Milliarden-
   kredite sind möglich.
3 Und dann sind da noch die wirklich »großen«
   Spekulanten im Spiel, zum Beispiel Hedgefonds,
   die gern mit Kurssprüngen ihr Tagesgeld verdienen;
   die eigentlichen Zocker dieser Welt.

Auch deren Verhalten ist menschlich nachvollziehbar, wird aber ebenfalls gemessen und fließt in den Börsenkurs ein. Damit ist ihr Verhalten berechenbar. Das wird ihnen zwar sicherlich nicht gefallen, ist aber so. Und: Das wird sich nie ändern – wie schön!

Fonds-Guard® lebt davon, dass es nur einen Kurs pro Börsentag gibt. Für Einzelaktien wäre diese Überwachung unmöglich, denn es entstehen sekündlich neue Kurse, und das je nach Börsenplatz auch noch zeitversetzt.

Das ist Ihnen alles völlig egal! Hauptsache, es gibt einen Kurs, an dem sich Fonds-Guard® orientieren kann. Merksatz 26

Meine Aussagen gelten nachweislich seit Jahren unverändert. Die Feststellungen in diesem Buch gründen auf jahrelangen Erfahrungen. Bestenfalls habe ich sie etwas nachjustiert, jedoch nicht grundlegend verändert. Hier einige Beispiele, zu finden unter www.shp-ag.de:

- 1990: Neue Perspektiven der Geldanlage und Altersversorgung
- 1990: Politische Börsen haben kurze Beine
- 1990: Aktienmärkte immer aufwärts
- 1996: Starke Gründe für eine fondsgebundene Lebensversicherung
- 1996: Ja zum Aktienfonds
- 1998: Die moderne Fondspolice
- 2001: Nüchterne Kalkulation ist an der Börse wichtig
- 2002: Sicherheit für Ihre Vermögensanlage
- 2002: Mein Wunsch: DAX 2800 Punkte
- 2002: Touchdown oder Freefall
- 2005: Fonds- und Rentenpolice bis 31.12.2004
- 2005: Bitte nicht ohne Sicherheit

- 2006: Die Kursüberwachung für Fondspolicen ist da
- 2006: Im Alter müssen Sie reich sein und reich bleiben! Sonst zahlen Sie die Zeche doppelt
- 2007: Die Aktienbörsen boomen
- 2008: Wo bleibt der Crash?
- 2008: Police-Guard® ist Gold wert
- 2010: Als Policeninhaber und Police-Guard®-Nutzer wünsche ich Ihnen einen Crash an der Börse
- 2014: Ich wünsche mir für Sie einen Crash an der Börse
- 2015: Leider gibt es immer noch keinen Crash
- 2015: Wohin mit meinem Geld?
- 2016: Mit Fonds-Guard® dem Börsencrash ein Schnippchen schlagen
- 2016: DAX bald bei 20 000 Punkten?

Wie Sie sehen, wurden unsere Kunden bestens auf Crash-Szenarien vorbereitet. Die ständige Wiederholung der stets gleichbleibenden Aussagen vermittelten Sicherheit und Vertrauen in die Materie, ohne die sie nicht ruhig hätten schlafen können. Ein Crash an der Börse sollte eben nicht, wie von den Medien propagiert, als Nachteil gesehen werden, sondern als riesengroßer Vorteil zum schnelleren Vermögensaufbau!

Meine Kunden bekamen keine Panik, sondern blieben in Krisenzeiten besonnen und ruhig, bewiesen Geduld und Disziplin. Ich bin stolz auf jeden Einzelnen!

Alles nur online?

Die Beratung face-to-face ist keineswegs out. Noch ein Wort zur jungen Generation. Angeblich braucht sie keine Beratung und macht alles online. Ich habe jedoch festgestellt, dass das Gegenteil der Fall ist: Die jungen Leute suchen sehr wohl nach guten Beratern, die ihnen den Weg zum Erfolg vereinfachen. Sie hören interessiert zu und sind dankbar für gute

Tipps und seriöse Betreuung. Zum Beispiel die Start-up-Unternehmen: gute Ideen, aber keine Knete. Da kann sowohl Geld als auch Beratung helfen. Ob privates Kapital, Fördergelder oder Bankkredite: Alles bedarf einer intensiven Betreuung.

Die jungen Leute sind auch keineswegs mutiger. Sie plagen dieselben Ängste wie alle Menschen und wollen sicher durch ihr Leben kommen. Ohne Geld funktioniert das nun mal nicht. Und damit sind wir wieder am Anfang: Geld ist wichtig und muss irgendwie her. Ohne Moos ist eben nichts los.

Nachdem der Verbraucherschutz spätestens an dieser Stelle im Buch zum Umdenken bereit ist und sich dafür stark macht, das Rad der Geschichte zurückzudrehen, wird Beratung wieder leistbar. Verbraucherschutz und EU dürfen keine neuen Stolpersteine schaffen, da sonst die neu erfundenen »nachzuweisenden 15 Stunden Weiterbildung pro Jahr« nicht ausreichen, um …

- das Ganze selbst zu verstehen,
- mit dem Anwalt zu besprechen und umzusetzen,
- Erklärungsworte für den Kunden sowie Formulare zu entwickeln,
- Kunden zu überreden, sich den Anforderungen des Verbraucherschutzes zu stellen und alle Fragen brav zu beantworten,
- den Mehraufwand selbstverständlich zusätzlich im Voraus zu bezahlen, denn die eigentliche Beratung darf es erst im Anschluss geben, wahrscheinlich aus zeitlichen Gründen erst beim Zweittermin.

Also: Erst die Rechnung bezahlen und dann schauen, ob und was überhaupt für Sie getan werden kann.

Was für ein Blödsinn.

Geduld, Vernunft
und Zeit macht
möglich die
Unmöglichkeit.

Simon Dach

Wann, glauben Sie, hängen die letzten kleinen Berater ihren Job an den Nagel? Und für die Großen werden Sie dann schnell zur unwichtigen Nummer, oder?

Dieses Buch soll kein Angriff auf sämtliche Berater dieser Branche darstellen, sondern konstruktive, aber längst überfällige Kritik aufzeigen. Liebe Verbraucherschützer, Mediengestalter, Anwälte, Notare, Steuerberater, Richter, Versicherungsvertreter, Banker und Politiker: Wir brauchen uns alle gegenseitig, und ganz besonders sind unsere Mitmenschen auf uns angewiesen. Sie benötigen uns und nicht die Institutionen, die hinter uns stehen. Wer vertraut noch einer Bank? Auf uns wollen sie sich hingegen gern verlassen!

Ich habe provoziert – mit voller Absicht!

Gemeinsam für die gute Sache

Ich kann mich nur wiederholen: Lasst uns alle nicht so wichtig nehmen. Lasst uns mit einem kleinen Teil, den wir dann aber wirklich beherrschen, zur Gesamtberatung beitragen. Lasst uns konstruktiv zusammenarbeiten. Jeder hat seine Daseinsberechtigung. Jeder wird mit der richtigen Einstellung zu seiner Person und seiner Arbeit reichlich Kunden akquirieren, die ihn lieben und gern bezahlen werden.

Es braucht niemanden, der entscheidet, wie viel dem Kunden seine Beratung wert ist. Kurioserweise ist das bei der Beratung von Geschäftsleuten bekannt, bei der Beratung eines Lehrers hingegen nicht. Warum? Ist der Lehrer nicht der Selbstentscheidung mächtig? Sind die Krankenschwester und der Arbeiter nicht in der Lage, die Arbeit des Beraters zu beurteilen und seinen Nutzen zu erkennen? Niemand kann umsonst arbeiten, denn es geht nicht um gemeinnützige Arbeit.

Mit der richtigen Einstellung bilden wir uns gemeinsam täglich weiter. Wir lernen voneinander und können für unsere Mandanten stets bessere Ergebnisse erzielen. Wir wachsen an unseren Kunden und der Kunde mit uns. Unsere Klienten werden reicher, zufriedener und selbstbewusster. Wir setzen uns für sie ein, und sie werden sich für uns stark machen, uns weiterempfehlen und neue engagierte Mitarbeiter vermitteln.

Ich sehe mich nicht als Berater, ich sehe mich als Betreuer. Nicht wie ein Betreuer im Pflegeheim, sondern als Begleiter durch den finanziellen Lebensteil meiner Kunden. Den Rest schaffen sie von allein. Für ihre Geduld und Disziplin bin ich nicht verantwortlich, das kann und will ich nicht sein. Aber ich kann meine Kunden dahingehend gut beraten und an sie appellieren.

Sicherlich habe ich den einen oder anderen Leser in diesem Buch provoziert. Das tat ich mit voller Absicht! Damit wollte ich zur dringenden Verbesserung im Umgang mit Geldthemen beitragen. Sollte sich jemand persönlich angegriffen fühlen, so war das nicht meine Absicht, und ich entschuldige mich an dieser Stelle vorsorglich dafür.

Kommen Sie auf mich zu und lassen Sie uns gemeinsam etwas bewirken. Fehler der Vergangenheit müssen korrigiert werden, sonst bleiben unsere Kunden auf der Strecke und mit ihnen wir alle!

18

Ich empfehle mich

Die Menschen verstehen nicht,
welch große Einnahmequelle in der Sparsamkeit liegt.
Cicero

Tun Sie was für sich

Liebe Geldanleger,
liebe Kunden und Noch-Nicht-Kunden,
liebe Leser dieses Buches!

Entweder Sie haben es jetzt getan, Sie wissen schon, ein Depot eröffnet und mit der Besparung von Aktienfonds begonnen. Dann ist alles gut.

Oder Sie haben es nicht getan. Und dann laufen Sie Gefahr, es nie zu tun.

Daher bitte ich Sie, ähnlich einer Eignungsprüfung, Ihre Einstellung und Reife für dieses Thema zu hinterfragen. Wenn Sie folgende Fragen beantworten können, müssen und dürfen Sie handeln!

1. Welche Bedeutung haben die fünf Sicherheitsstufen von SHP?
2. Was bedeutet Zeitraum gegenüber einem Zeitpunkt?
3. Was bedeutet »Zeit kaufen«?
4. Sind Sie ein geduldiger Mensch?
5. Welche Gefahr birgt Gier?
6. Sind Sie diszipliniert?
7. Müssen Sie noch Angst haben?
8. Fonds-Guard® ist Ihr Coach?
9. Police-Guard® nutzen Sie für die Steueroptimierung?
10. Wer schenkt Ihnen eine Immobilie?

Ich würde Ihnen ein Diplom geben!

Sie sind am Ende des Buches angekommen. Sollten Sie von unserer Anlagemethode überzeugt sein, kann ich Ihnen folgende Angebote unterbreiten:

Seit vielen Jahren arbeiten wir vertrauensvoll mit der Direktbank DAB in München zusammen. Unsere Kunden zahlen keine Depotgebühren, und das dürfte auch in den kommenden Jahren so bleiben. Da wir mehrere Stunden mit der Eröffnung eines Kontos für Sie zu tun haben, betrachten wir diese von uns erbrachten Vorleistungen als unser Geschenk an Sie, das hoffentlich der Beginn einer guten, langen und erfolgreichen Zusammenarbeit ist.

Hier geht es zur Depoteröffnung für Sie:
www.shp-ag.de
Sie können uns auch eine E-Mail zusenden an info@shp-ag.de
oder einfach anrufen unter 0421 9580900.

Burghard Stöver

Geboren 1953 in Bremen, gelernter Bankkaufmann und Versicherungsfachwirt.
1977 Regionaler Leiter der Baufinanzierung einer großen Bausparkasse und Versicherungsgesellschaft.
1987 Firmengründung Stöver, Hermann & Partner GmbH.
2001 Gründung SHP Anlagemanagement AG.
Seit 1975 verheiratet mit Petra Stöver.
Tennisspieler, Skulpturenbauer mit Kettensägen, Lebensmittelpunkte Bremen, Hude und Sylt

Dank

Ich widme dieses Buch meinem langjährigen Freund, Kollegen und Geschäftspartner Olaf Hermann, der leider viel zu früh verstarb.

Ich bedanke mich bei Heiko Aping für sein einzigartiges Engagement bzgl. des Designs und der Grafik. Er brachte Schwung in dieses Buch. Herr Gerhard Richter war mir als Verleger ein interessierter und kritischer Gesprächspartner und Sophie Niemann stellte als Lektorin sicher, dass meine Finanztipps auch für jeden gut verständlich sind.

Mein Dank gilt auch Herrn Erik Schumann, der die Anfänge dieses Buches wesentlich mitgestaltete.

Ohne meine Crew von langjährigen Mitarbeitern wäre dieses Buch nicht denkbar. Sie gaben mir die Kraft, meine Ideen zu den verschiedenen Finanzthemen der letzten Jahrzehnte konsequent umzusetzen. Sie leben für meine Ideen und sind der Garant für die fruchtbare Beratung und Umsetzung in den kommenden Jahrzehnten.

Meine Kunden gaben mir in endlosen Gesprächen stets das Gefühl, gebraucht zu werden. Durch ihre ständigen Weiterempfehlungen sprachen sie mir ihre tiefste Dankbarkeit aus. Ich möchte keinen von ihnen missen!

Meiner Ehefrau Petra gilt ein besonderer Dank für die kritische Infragestellung ihrer eigenen Ängste und Sorgen im Umgang mit Aktienfonds. Sie hat sich zu einem wahren Fan von Fonds-Guard® entwickelt, obwohl sie auch gerne einmal zocken würde. Ich werde mich wohl damit beschäftigen müssen, schließlich wollen wir noch viele Jahre zusammen verbringen – und das soll nicht langweilig werden.

Saskia, mein Augenstern, du lebst bereits meine Philosophie der sorglosen Finanzplanung. Trotzdem habe ich im Buch noch zwei Überraschungen für dich und Marvin versteckt ...

Impressum

Bibliografische Information der Deutschen Nationalbibliothek
Die Deutsche Nationalbibliothek verzeichnet diese Publikation in der
Deutschen Nationalbibliografie; detaillierte bibliografische Daten sind im In-
ternet über http://dnb.d-nb.de abrufbar.

ISBN 978-3-8319-0793-9

Text: Burghard Stöver, Bremen

Lektorat: Sophie Niemann, Bad Bramstedt
Gestaltung: BrücknerAping, Büro für Gestaltung, Bremen
Druck: Druckerei Girzig + Gottschalk GmbH, Bremen
Bindung: Buchbinderei S.R. Büge GmbH, Celle

www.ellert-richter.de

www.facebook.com/EllertRichterVerlag

Haftungsausschluss

Jede Person ist für seine Geldanlage selbst verantwortlich.
Der Autor übernimmt keinerlei Haftung für Schäden, die aus falschen
Schlussfolgerungen aus den Hinweisen in diesem Buch entstanden sind.
Die Informationen basieren auf Lebenserfahrungen und tiefgreifenden
Recherchen – nichtsdestoweniger können Fehler auftreten.
Der Autor schließt Haftungsansprüche jeglicher Natur aus.
Dieses Buch enthält Links/Verweise zu Websites, deren Inhalte außerhalb
unseres Einflussbereiches liegen.
Der Verlag übernimmt keine Haftung für die Inhalte dieser Websites oder die
Sicherheit von der auf diesen Websites ausgeführten Aktivitäten und haftet
auch sonst in keiner Weise für die Inhalte dieser Websites.